D0923317

TITANICA

LA ROBE DES GRANDS COMBATS
EDMUND C. ASHER, LONDRES, 1968

SÉBASTIEN HARRISSON

TITANICA

LA ROBE DES GRANDS COMBATS
EDMUND C. ASHER, LONDRES, 1968

LEMÉAC

Ouvrage édité sous la direction
de Monic Robillard

Données de catalogage avant publication (Canada)

Harrisson, Sébastien, 1971-

   Titanica : la robe des grands combats : Edmund C. Asher
   Londres, 1968

   (Théâtre)

   ISBN 2-7609-0380-X

   I. Titre.

PS8565.A77T57 2001   C842'.6   C2001-941500-1
PS9565.A77T57 2001
PQ3919.2.H37T57 2001

Illustration de couverture : Michel Guilbeault

*Leméac Éditeur remercie le ministère du Patrimoine canadien, le Conseil des arts
du Canada, la Société de développement des entreprises culturelles du Québec
(SODEC) et le Programme de crédit d'impôt du Gouvernement du Québec du soutien
accordé à son programme de publication.*

ISBN 2-7609-0380-X

© Copyright Ottawa 2001 par Leméac Éditeur Inc.
4609, rue d'Iberville, 3ᵉ étage, Montréal (Québec) H2H 2L9
Dépôt légal – Bibliothèque nationale du Québec, 4ᵉ trimestre 2001

Imprimé au Canada

CRÉATION ET DISTRIBUTION

Cette pièce a été créée à Montréal, le 23 octobre 2001, par le Théâtre d'Aujourd'hui dans une mise en scène de René Richard Cyr.

TITANICA :	James Hyndman
BLACK JACK :	Yves Amyot
VIVIEN :	Évelyne Rompré
ISADORA :	Dominique Quesnel
JIMMY :	Benoît McGinnis
EDWARD II :	Stéphane Simard
LA REINE ISABELLE :	Violette Chauveau
VIRGINIA Ire :	Andrée Lachapelle
MAGGIE :	Frédérique Collin
MR CLARK :	Gérard Poirier

Assistant à la mise en scène :	Nicolas Rollin
Décor :	Gabriel Tsampalieros
Costumes :	Marie-Pierre Fleury
Éclairages :	Martin Labrecque
Maquillages :	Angelo Barsetti
Environnement sonore :	Georges-William Scott et Alain Dauphinais

Une première version du texte avait été produite par les élèves de la promotion 1999 de l'ENTC dans une mise en scène d'André Brassard. Au cours de la saison 2000-2001, l'auteur en acheva l'écriture dans le cadre d'une résidence au Théâtre d'Aujourd'hui. Le texte, dans sa version actuelle, fait partie du répertoire Théâtrales en France.

L'auteur remercie chaleureusement les différents lecteurs qui ont contribué, par leurs précieux commentaires, à la mise au monde de ce texte : Normand Chaurette, Elizabeth Bourget, André Brassard, Diane Pavlovic, René Richard Cyr, Danièle Leblanc et Monic Robillard.

PERSONNAGES

TITANICA
Homme de 50 ans qui porte une robe d'acier.

BLACK JACK
Ex-militaire.

VIVIEN
Étudiante en histoire de l'art.

ISADORA
Visage balafré.

JIMMY
Seize ans, clandestin américain.

EDWARD II
Le spectre du roi anglais.

LA REINE ISABELLE
Le spectre de la Louve de France.

VIRGINIA Ire
Reine fictive d'Angleterre

MAGGIE
Lectrice officielle de la reine d'Angleterre.

MR CLARK
Porte-parole de Buckingham Palace.

La bande de résistants et les militaires

DÉCOR

L'action se déroule dans deux lieux de Londres : King
Edward II Dock (au cœur duquel gisent un navire éventré
ainsi qu'une multitude de bacs à marchandises dûment
scellés) et les appartements de la reine d'Angleterre, à
Buckingham Palace.

PROLOGUE

Mr Clark, seul devant le public.

MR CLARK. « Londres, le 16 de ce mois. L'Angleterre a le plaisir d'annoncer qu'il a été résolu, après consultation, d'exploiter la zone franche concédée plus tôt cette année par l'Argentine à des fins écologistes. En fait, la fière Albion... »

La reine d'Angleterre paraît, mystérieusement sortie de l'ombre.

LA REINE. Sainte. Je préférerais : *sainte.*

MR CLARK. Sainte Albion, vous dites, Majesté ?

LA REINE. Oui. Déjà, à ce mot, mon règne s'auréole d'une lumière plus flatteuse.

MR CLARK. « La sainte Albion compte y ériger de somptueux jardins d'inspiration anglaise. Pour ce faire, la dite zone, d'accès portuaire, sera jumelée au dock londonien de King Edward II. Ce vendredi, lors d'une cérémonie protocolaire concordant avec le départ du premier navire chargé de transporter les fleurs anglaises, Sa Majesté Virginia première d'Angleterre inaugurera les travaux de réfection du dock. Au cours des prochains mois, une centaine d'espèces florifères transiteront par King Edward pour aller fleurir la terre d'Argentine. Symbole de fraternité, de continuité et de vivacité, ces jardins britanniques en Amérique du Sud, pensés et réalisés par certains de nos plus grands architectes paysagers, offriront aux plus démunis de ce monde un asile, véritable havre de beauté. » C'est en ces mots que vos nobles desseins seront révélés à la nation...

LA REINE. Je libérerai mon pays d'un mal innommable...

MR CLARK. Tout en vous attirant la faveur des militants écologistes, des antimonarchistes et de la presse du monde entier. Un coup remarquable !

Paraît Maggie.

MAGGIE. Madame, si vous ne voulez pas manquer la grande pluie d'étoiles annoncée par les astronomes, nous devrions aller au balcon sous peu.

LA REINE. Merci, Maggie.

MR CLARK. Je dois cependant vous faire part d'un petit détail : les itinérants qui avaient élu domicile sur ces quais n'ont toujours pas pu être expulsés. Mais d'ici vendredi, les autorités devraient...

LA REINE. Cela s'impose. S'il fallait que la présence de ces miséreux vienne jeter un voile sur ce tableau irré-prochable !

MAGGIE. Madame, plus que six minutes avant le début du ballet stellaire...

LA REINE. Je viens, Maggie.

MR CLARK. Majesté, il y a aussi la question de l'effigie du projet...

LA REINE. Ah oui... Qu'en est-il de cette sculpture que vous aviez proposé que l'on restaure ? Cette robe des grands combats, Titania ou...

MR CLARK. J'ai joint l'artiste, l'illustre Asher...

LA REINE. Alors ?

MR CLARK. Eh bien, il a dit que c'était à l'œuvre de dé-cider...

LA REINE. Pardon ?

MR CLARK. Il se trouve que l'œuvre est itinérante, qu'elle erre dans les recoins du port et qu'elle se dérobe quand on tente de l'approcher...

MAGGIE. Une sculpture qui se sauve et qui aurait à donner son accord ?

MR CLARK. C'est que cette sculpture – cette robe – est portée par une personne...

LA REINE. Eh bien, arrachez-la-lui et enfilez-la à une autre !

MR CLARK. Cette personne est partie intégrante de l'œuvre. Il en va du concept même de la sculpture...

LA REINE. Alors, si le « concept » ne consent pas à se montrer plus coopératif, le projet se passera d'effigie !

MR CLARK. Cette personne est... Comment dire ? Fort respectée.

LA REINE. Vous en parlez comme d'une amie. Flirteriez-vous, dans vos temps libres, avec des sculptures ?

MR CLARK. Non. J'ai eu vent, cependant, de sa bonne réputation.

LA REINE. Nous nous passerons d'effigie.

MR CLARK. Comme vous voudrez. Pour ce qui est du communiqué, je le ferai parvenir aux médias en matinée.

LA REINE. Vous êtes précieux, cher Mr Clark. Vous aussi, Maggie. Chaque jour, je me réjouis d'être entourée de deux alliés loyaux, au passé exemplaire. Vous participez à une grande œuvre.

La reine et Maggie sortent. Clark met sous pli son communiqué.

MR CLARK. La constellation du chien... À la veille de l'annonce de ce grand projet, la voilà qui après des années revient balafrer le ciel de Londres. Et si nous nous étions trompés ?

I

Le dock à l'aube. Titanica au pied du navire éventré. Surplombant la scène, suspendu à une grue, un énorme bac à marchandises se balance.

TITANICA. L'aube point et dévoile un navire éventré. Regarde-le, Titanica, ne tremble pas, ne t'émeus pas, un miroir se dresse devant toi pour refléter tes songes...

Par la fente du navire paraît la tête de Black Jack, hurlant. Titanica sursaute. Black Jack éclate de rire, passe par-dessus bord et va rejoindre Titanica.

BLACK JACK. Même les vieux rois dans leurs tombeaux ont cessé de déclamer, même les poètes ont abandonné leurs vers pour se mettre à rapper. Parfois, je pense : « Elle est tellement seule à se souvenir du passé, qu'à sa mort, c'est l'Histoire tout entière qui va crever. » Et tu sais quoi, Titanica ? Ça donne envie de t'assassiner.

TITANICA. Toi, me tuer, m'étrangler ? Serrer jusqu'à ce que les belles grosses veines bleues semblent prêtes à éclater dessous la peau fardée ? Allons donc !

BLACK JACK. Tu as raison. Je ne me salirais pas les mains. J'étais le tireur le plus habile de mon régiment : une seule balle et je t'abattrais !

TITANICA. Un soldat déchu qui va de par les rues en cherchant la querelle à cœur de jour, voilà ce que tu es.

Je suis blindée, pauvre Black Jack. Va plutôt dormir. Tu sens l'alcool et la sueur.

BLACK JACK. J'ai passé la nuit avec les débardeurs. Ils ont demandé mon aide. À moi et à deux autres garçons qui traînaient sur les quais. J'en ai profité pour les questionner sur ce projet gouvernemental... Les vieux entrepôts vont être rasés la semaine prochaine.

TITANICA. Voilà des années qu'ils promettent aux électeurs de jeter par terre ces vestiges d'un autre temps.

BLACK JACK. Cette fois-ci, c'est sérieux. La reine devrait même venir inaugurer les travaux, ce vendredi.

TITANICA. La reine sur les quais, dans un écrin de poubelles et de mendiants ! Black Jack, tu vois bien que ces débardeurs avaient trop bu. N'aie crainte, ces entrepôts rongés par la rouille nous survivront... *(Levant les yeux au ciel, découvrant le bac suspendu.)* Ils veulent nous assommer ou quoi ? Si jamais ça tombe...

BLACK JACK. Ils ont tout interrompu quand l'un d'eux a hurlé que le navire était défoncé. Ils commençaient à peine le chargement.

TITANICA. Mais laisser cet énorme bac au-dessus de nos têtes, ça n'a aucun sens ! Ils vont remettre la grue en marche, j'imagine.

BLACK JACK. Quand le navire sera réparé. Pas avant.

TITANICA. Une ouverture aussi large, dans un acier qu'on croyait inattaquable... Je me demande bien ce qui a pu se passer durant la nuit pour qu'au matin un tel spectacle s'offre à nous. Et tous ces bacs, partout... Nous sommes envahis ! Qu'est-ce que ces énormes bacs peuvent bien cacher comme trésor ?

BLACK JACK. Ils contiennent des fleurs.

TITANICA. Ils sont trop bien scellés pour ne contenir que des fleurs. Peut-être s'agit-il de déchets radioactifs...

BLACK JACK. Le navire devait quitter Londres à la fin de la semaine. La sainte Albion a choisi de créer des jardins britanniques en Argentine ! Le dock servira de point de liaison entre les deux pays. Cette histoire de bateau éventré va nous être imputée. Ils tiennent leur motif pour se débarrasser de nous...

TITANICA. Chaque fois qu'ils ont évoqué ce projet d'expulsion, nous avons su contrecarrer leurs plans. Nous trouverons une solution. Nous ferons circuler une pétition...

BLACK JACK. Une pétition ! Nous ne sommes plus qu'une dizaine... Il faudra prendre les armes.

TITANICA. Tu es seul, Black Jack, à vouloir prendre les armes. Isadora s'y oppose farouchement.

BLACK JACK. Isadora... Où est-elle à cette heure où plus que jamais nous sommes menacés ? Où est-elle alors que les tanks sont à nos portes et que blottis à l'ombre des entrepôts nous attendons que l'armée mette fin à notre siège ? Où est-elle, notre chef, dis-moi ?

TITANICA. Elle pleure son frère.

BLACK JACK. Si je ne lui avais pas apporté la colonne nécrologique du *London Times*, elle n'aurait jamais appris la mort de DJ Lewis. Ce n'est qu'un prétexte.

TITANICA. Black Jack !

BLACK JACK. Comment expliques-tu le fait que depuis trois jours et trois nuits nous soyons sans nouvelles d'elle ? Voilà des mois qu'elle nous répète de rester calmes, que nos revendications seront entendues et que nous ne serons pas expulsés... Nous sachant vaincus, elle a dû sauter sur cette occasion pour s'enfuir.

TITANICA. Tu ne connais rien à la diplomatie.

BLACK JACK. Mais je connais les armes et désormais elles sont notre seule chance de salut. S'ils veulent la guerre...

TITANICA. La guerre ! Encore la guerre ! Quand les journalistes de la presse à sensation sont venus ce matin pour photographier le navire éventré, j'ai eu envie de les supplier de cesser d'entretenir l'hostilité populaire à notre égard. Mais je suis restée cachée entre deux entrepôts, silencieuse. J'avais trop peur qu'ils ne me reconnaissent et qu'ils se mettent à me pourchasser.

BLACK JACK. Ces journalistes t'auraient prise pour une erreur d'ingénierie moderne.

TITANICA. Une erreur d'ingénierie moderne ! Ne pas me reconnaître ! En 1968, j'ai fait la une de tous les magazines, du *Times* à *Vogue*. Tous ! Et non seulement je lègue à l'Histoire mon impérissable image, mais j'ai aussi choisi de lui léguer un témoignage fait de ma voix et de mes mots. Comme tu le sais, une jeune historienne de l'art prépare un documentaire sur ma personne...

BLACK JACK. Tu es une légende. La robe des grands combats créée par l'extravagant Edmund C. Asher est une légende. C'est ça que tu veux entendre ? Tu fais partie de l'Histoire.

On entend une plainte lyrique portée par une voix de femme. Ils sursautent. Paraît Isadora voilée et portant un sac.

ISADORA. Désormais plus qu'une ombre, je vais seule en ce monde. Ton corps perdu, mon frère, à l'obscur me confine. Et trop seule je vais, noire, opaque et fermée, longeant ces eaux d'où sort le chant clair des noyés.

TITANICA. Isadora !

ISADORA. Le matin du 13 septembre, je me suis levée, bien décidée à aller identifier le corps de DJ Lewis. Je suis sa sœur ; c'est à moi que cela revient. J'ai mis un voile noir sur mon affreux visage et, à la morgue, je me suis rendue. *Je suis, madame, sa sœur. Montrez-le-moi, que je lui ferme les yeux pour lui ouvrir la voie du royaume des morts.* Un casier vide, son nom biffé des registres et comme seule trace, ce sac, ses effets personnels, ses seules possessions, toute sa vie. *Montrez-le-moi ! Je suis le dernier membre de sa famille sain d'esprit sur cette terre, c'est à moi que revient de l'accompagner jusqu'à la porte qui mène dans l'au-delà. Montrez-le-moi !* Ils m'ont dit d'aller au cimetière du district. J'ai marché, furieuse, prête à gratter de mes ongles pour le déterrer et enfin lui fermer les yeux. Son nom sur aucune plaque, son corps dans aucune fosse et toujours l'air hébété des gardiens. Pendant trois jours et trois nuits, j'ai visité tous les cimetières et toutes les morgues de Londres...

Black Jack tente de s'emparer du sac qu'Isadora porte.

ISADORA. Non ! C'est tout ce qu'il me reste pour le recomposer, comprendre qui il a été...

BLACK JACK. Tu n'as jamais daigné le visiter de son vivant, et maintenant tu joues la sœur éplorée ? Même son visage t'est étranger. C'était un enfant la dernière fois que tu l'as vu !

ISADORA. Je saurai le reconnaître. Une fois, en secret, je suis allée aux abords d'un vieil entrepôt où il se produisait, je me suis appuyée au mur extérieur et j'ai écouté, un à un, chacun des rythmes qu'il choisissait. Son visage d'homme m'est peut-être étranger, mais j'ai entendu son cœur et pour cela je saurai le reconnaître.

TITANICA. Nous le retrouverons. N'aie crainte, nous le retrouverons.

ISADORA. Je suis sans force, sans volonté, sans bras, sans jambes, depuis que son corps a disparu. Portez-moi jusqu'à mes appartements, par bonté.

Titanica prend Isadora dans ses bras et sort en la portant.

II

Après qu'elles ont quitté la scène, Black Jack éclate de rire.

BLACK JACK. Ses appartements ! Quelques boîtes en carton où pourrissent un vieux tapis et quelques coussins désassortis !

Entre Vivien, caméra à la main.

BLACK JACK. Vous venez pour filmer le navire éventré ? Avancez, n'ayez pas peur... Vous pouvez même nous interviewer, petite demoiselle.

VIVIEN. Vous faites erreur. J'ai rendez-vous avec une dame. Titanica...

BLACK JACK. Le tas de ferraille ?

VIVIEN. L'œuvre d'art.

BLACK JACK. Il faudra repasser...

VIVIEN. Nous avons rendez-vous dans un quart d'heure...

BLACK JACK. Elle ne viendra pas. Un petit impondérable...

VIVIEN. Rien de grave, j'espère ?

BLACK JACK. Une crise de corrosion.

VIVIEN. Je vais l'attendre. Elle tient beaucoup à nos entretiens, elle viendra.

BLACK JACK. Ainsi, c'est donc vrai cette histoire de documentaire que Titanica nous rabâche depuis des semaines ! Elle parle de vous en disant « Ma très chère Vivien » et raconte à tous que vous êtes l'assistante d'Asher...

VIVIEN. Je ne suis pas son assistante. Je travaille à cataloguer son œuvre, c'est pourquoi je séjourne chez lui.

BLACK JACK. Elle prétend aussi que vous réalisez ces entretiens avec elle en cachette, sans le dire à votre patron...

VIVIEN. Disons que j'évite d'évoquer nos entretiens devant Asher.

BLACK JACK. Asher est un homme fortuné, à ce qu'on dit. Il verse une allocation à Titanica tous les mois. Vous devez bien gagner votre vie...

VIVIEN. Sous vos allures de truand, seriez-vous un employé du fisc ? Je crois que cette conversation a assez duré. Vous direz à Titanica que je suis passée ?

BLACK JACK. J'y veillerai, mademoiselle l'historienne de l'art.

VIVIEN. C'est bien aimable à vous. Au revoir.

BLACK JACK. Hey ! On peut se tutoyer. C'est les quais, ici, pas l'université, beauté !

Vivien sort.

III

Les appartements royaux. La reine et sa lectrice. Au loin, lancinante, la plainte des chiens du chenil royal.

MAGGIE, *lisant.* « Ma reine, ma touffe, mon phare, madame – je dis madame et mon phare et ma touffe et ma reine, mais ne sais comment correctement les orthographier ; pourtant, Virginia, ma bouche sur ta peau saurait comment les épeler – ... »

LA REINE. Reprenez du début, Maggie.

MAGGIE. Je crois sincèrement que...

LA REINE. Plus lentement, je vous prie.

MAGGIE, *au bord du malaise.* « Ma reine, ma touffe, mon phare, madame – je dis madame et mon phare et ma touffe et ma reine, mais ne sais comment correctement les orthographier ; pourtant, Virginia, ma bouche... »

LA REINE. Qui peut bien être cet insolent ? Poursuivez...

MAGGIE. C'est la septième fois, ce matin, que vous me demandez de relire ces misérables lignes, afin d'y déceler un indice de l'identité de ce poète anonyme. Et pourtant voilà bientôt deux semaines que cet amant des docks et de l'underground, comme il se plaît lui-même à signer, se tait.

LA REINE. Six mois d'une correspondance enflammée et, tout à coup, plus rien ?

MAGGIE. Aucune nouvelle lettre n'a été déposée à votre attention depuis celle-ci.

LA REINE. Les poésies sont-elles donc toutes épuisées ? Dommage, cela m'amusait.

MAGGIE. Il y a, il me semble, plus amusant que de recevoir des billets aux accents pornographiques. Peut-être pourrais-je vous faire la lecture de cet ouvrage de botanique que vous affectionnez tant ?

LA REINE. As-tu bien fouillé là où d'habitude les lettres sont déposées ?

MAGGIE. Oui, madame. Dans l'entrejambe d'Henri VIII, j'ai passé et repassé ma main. En vain. Je m'étais costumée, ce matin, afin que nul ne découvre que la lectrice de la reine se rend chaque jour à Westminster Abbey palper la statue d'Henri VIII pour y chercher la missive qu'un voyou y dépose.

LA REINE. Cet amant anonyme a un sens de l'humour qui me plaît bien.

MAGGIE. On voit que ce n'est pas vous qui vivez chaque matin l'humiliation de palper l'anatomie d'une statue. Tout cela est ridicule !

LA REINE. Je dirais plutôt que tout cela est romanesque.

Paraît Mr Clark vêtu de manière débraillée.

MR CLARK. Madame, pardonnez ma mise. Elle trahit encore les périls que je dus franchir pour parvenir jusqu'à vous. Pas un écueil ne me fut épargné au cours du trajet qui mène des quais à ici...

LA REINE. Dommage pour vous que votre reine n'ait nulle envie de vous écouter.

MR CLARK. Madame, la nuit dernière, le navire de votre flotte amarré à King Edward dock a été... éventré.

Un temps.

LA REINE. La malédiction !

MR CLARK. J'allais livrer le communiqué aux médias, ce matin, quand la nouvelle s'est frayé un chemin jusqu'à mes oreilles. Je me suis rendu sur les lieux et déjà les journalistes affluaient...

LA REINE. Les rapaces !

MR CLARK. Dans tout Londres, on jase. Le peuple craint une nouvelle vague d'attentats terroristes et la plainte de vos chiens, Majesté, qui depuis des jours se fait entendre, rajoute à la frayeur populaire. Quelle folie vous distrait au point d'oublier de donner l'ordre qu'on nourrisse les chiens ?

LA REINE. Je savais que la résistance de cette poignée de lépreux finirait par entraver mes plans.

MR CLARK. Une source m'a informé que la chef de cette bande est endeuillée. Son frère vient de rendre l'âme. Profitons de cette démobilisation de leurs forces vives pour intensifier l'action policière.

LA REINE. La malédiction !

IV

Le dock. Black Jack se recueille.

BLACK JACK. Premier hommage à DJ Lewis. Je dois beau-coup à DJ Lewis. Autant qu'un fils à son père, qu'un croyant à son dieu. À DJ Lewis et à sa musique. Sa mu-sique qui, lorsque je l'ai entendue pour la première fois, trahissait déjà cette fin cachée dans son sang, comme si sa mort s'exhibait sur la piste de danse, venant nous rappeler qu'elle nous guettait nous aussi. J'étais tout entier porté par ses rythmes, perdu dans cette foule de jeunes gens naïfs et inconscients, quand je compris que je n'étais déjà plus des leurs et que désormais je marchais, solitaire, vers un autre âge qui, lui, je le sa-vais, me rapprochait de la fosse où les corps vont pour-rir. Les regarder fumer les mêmes cigarettes, se brûler sans crainte aux mêmes passions, aller, tout chargés encore d'illusions, là où moi j'avais perdu les miennes, tout cela m'était insupportable. Pour la première fois, je réalisais qu'on allait vivre après moi. JE REFUSE QUE D'AUTRES VOIENT UNE AUBE QUE JE NE VERRAI PAS. Étouffé, j'ai quitté la piste de danse pour aller me réfugier dans la pénombre d'une ruelle. Respirer, res-pirer, me raccrocher à la vie, surtout ne pas la laisser s'enfuir, l'agripper, la garder ! Agenouillé sur l'asphalte, ce qui allait désormais être la ligne directrice de ma vie m'apparut. Un tout petit mot posé sur le mur de briques,

22

le graffiti d'un adolescent. Quatre lettres : KILL. Si je dois mourir, je serai le dernier. Tous périront avant moi. Après que toute vie se sera éteinte, je partirai. Je planterai un large couteau au cœur de la terre pour l'arrêter de tourner, et je m'en irai, soulagé que personne n'ait vécu au-delà de moi. Merci à toi DJ Lewis.

Debout les morts !

Il se promène alentour en frappant sur des bidons et en appelant de façon à commander un rassemblement. Peu à peu un groupe se forme autour de lui, composé de résistants sortis de l'ombre.

Jusqu'à présent, notre refus de collaborer et d'accepter leurs compensations financières avait suffi à nous faire gagner du temps. Mais désormais, nos heures sont comptées. Je ne vois qu'une solution : prendre les armes. Qui viendra se battre à mes côtés pour défendre nos droits ? *(Aucune réponse.)* C'est notre territoire qui est en jeu ! *(Un temps. Toujours aucune réponse.)* Ne venez surtout pas vous plaindre lorsqu'on vous délogera à coups de matraque !

V

Le dock. Vivien entre en scène, effrayée. Autour d'elle, tous s'ameutent.

VIVIEN. Je l'ai vu, l'éventreur de bateaux, je l'ai vu ! Errant entre les bacs, blême comme un fantôme, je l'ai vu !

Un temps. Puis paraît Jimmy, éberlué. Il porte un sac de voyage.

TITANICA, *émue.* Un petit marin au teint pâle ! On jurerait qu'un barbare vient tout juste de l'arracher au tableau d'un maître flamand !

JIMMY. Je ne suis ni marin ni flamand. J'arrive d'Amérique.

TITANICA. Bienvenue en Angleterre, jeune Américain.

JIMMY. Merci, madame.

TITANICA. Titanica. Appelle-moi Titanica. Comment te nommes-tu ?

JIMMY. Jimmy.

BLACK JACK. Cet adolescent chétif n'a tout de même pas pu éventrer la coque d'un navire de trente mètres de hauteur !

VIVIEN. Dans la pénombre, je l'avais vu un peu plus grand...

TITANICA. Qu'est-ce qui t'amène sur notre île, adorable personnage ?

JIMMY. Êtes-vous du comité d'accueil des Jeunesses conquérantes ?

BLACK JACK. Les quoi ?

JIMMY. Les Jeunesses conquérantes. C'est pour me joindre à leurs rangs que j'ai traversé l'Atlantique.

BLACK JACK. L'Amérique nous envoie ses scouts et ses missionnaires. Sauve qui peut !

JIMMY. Vous faites erreur. C'est une organisation sérieuse, avec des ramifications dans le monde entier. Je dois vous quitter. À cette heure, mon hôte doit s'inquiéter. Je dois le rejoindre au quai numéro treize...

BLACK JACK. Hey ! Un instant, jeune homme. Tu crois qu'on entre comme ça en Angleterre ? En disant : « Bonjour, c'est moi, c'est Jimmy » ?

TITANICA. Ce garçon me semble bien intentionné...

BLACK JACK. C'est tout simplement un voyageur clandestin qui essaie de déjouer l'immigration britannique.

Black Jack fait signe aux résistants. Ils attrapent Jimmy et se préparent à le lancer à l'eau.

JIMMY. Laissez-moi ! Vous allez le regretter, laissez-moi !

TITANICA. Halte ! *Les résistants suspendent leur geste.* Donnons au moins à ce garçon la chance de s'expliquer.

Black Jack s'empare du sac de Jimmy et fouille à l'intérieur à la recherche des papiers d'identité du jeune homme.

BLACK JACK. Si tu tiens à la vie, tu vas nous dire sur-le-champ tout ce que tu sais de cette organisation. Tu les vends ou tu vas croupir avec les épaves et les eaux sales.

JIMMY. D'accord. Mais posez-moi, d'abord.

Les résistants, sur l'ordre de Black Jack, déposent Jimmy au sol.

JIMMY. Les Jeunesses conquérantes se battent au nom de tous, pour une plus grande justice et pour une meilleure répartition des richesses.

BLACK JACK. Ah, je vois !

JIMMY. Non, vous ne voyez pas ; vous vous moquez. Mais vous serez surpris... Nous sommes des milliers à voyager au milieu des bagages des avions, des bateaux et des trains. Demain, nous renverserons les pouvoirs établis sans que personne ne nous ait vus venir.

BLACK JACK. Et comment as-tu entendu parler de cette organisation ? Dans le feuillet paroissial ?

JIMMY. Ce sont des informations qui circulent sur le Web. Quand vous avez fait vos preuves, qu'ils se sont assurés que vous êtes un activiste et non pas un de ces flics qui les traquent, ils vous informent de votre lieu d'embarquement. Vous apportez vos économies, un bagage léger et vous vous embarquez pour la grande aventure. Votre mission ne vous est révélée qu'à l'arrivée pour éviter les fuites.

BLACK JACK. Une mission ?

JIMMY. Certains sont enrôlés dans des commandos écologistes, d'autres sont recrutés par des journaux underground ou anticapitalistes...

BLACK JACK. Et combien leur as-tu donné en beaux billets américains ?

JIMMY. L'argent ne les intéresse pas. Je n'avais que deux cents dollars et ils m'ont tout de même trouvé une place.

BLACK JACK. Du grand art. Comment gaver les jeunes avec des idéaux révolus tout en vidant leur porte-monnaie !

JIMMY. Je ne crois pas que la justice soit un idéal révolu.

BLACK JACK. Ne me dis pas que tu y as cru ?

Jimmy reste muet.

TITANICA. Si ce jeune homme a été escroqué, peut-être devrions-nous lui venir en aide ?

Black Jack déchire le passeport de Jimmy et s'approprie les quelques billets qui traînaient dans le portefeuille du garçon.

BLACK JACK. Ce jeune homme est un sans-papiers et un sans-le-sou. À la flotte !

Les résistants ressaisissent Jimmy.

JIMMY. Laissez-moi ! Je suis certain que quelqu'un m'attend.

BLACK JACK. Le quai numéro treize n'existe pas. Alors tu n'as rien à faire ici.

JIMMY. Vous m'aviez dit que si je parlais...

BLACK JACK. La morale de cette histoire est toute simple : ne fais jamais confiance à un inconnu, Jimmy Boy.

JIMMY. Laissez-moi... Je ne sais pas nager !

TITANICA. Cette blague a assez duré, Black Jack.

Paraît Isadora, voilée.

ISADORA. Laissez-le.

Les résistants relâchent Jimmy.

ISADORA. Ce n'est pas parce que nous sommes acculés au pied du mur que nous allons nous mettre à noyer des innocents.

TITANICA. Isadora a raison. Ce jeune homme a fait un long voyage et il a besoin de repos. Portons ses affaires jusque chez moi, Vivien.

Titanica et Vivien sortent avec Jimmy, tandis que la meute des résistants se disperse. Restent Black Jack et Isadora qui se toisent.

BLACK JACK. La mer finira bien par le reprendre un jour ou l'autre.

VI

Chez Titanica. Celle-ci fredonne les dernières notes d'une berceuse qu'elle avait entonnée pour calmer Jimmy. Voyant que celui-ci s'est endormi, elle s'éloigne et revient vers Vivien, qui, prestement, éteint sa caméra.

VIVIEN. Pardonnez-moi. Mais vous entendre chanter, capter la magnifique résonance de votre voix grêle dans votre écorce d'acier, je crois que c'est quelque chose qui concerne la postérité.

TITANICA. J'ai l'impression que tu es seule, hélas, dans ce pays, à souhaiter que l'on se souvienne de moi...

VIVIEN. C'est faux. Si vous consentiez à revenir à la vie publique, à vous laisser restaurer, au lieu de vous en-têter, sans doute aurions-nous le plaisir de vous revoir à la une des grands magazines et sur toutes les chaînes de télévision.

TITANICA. Ah, cette histoire de restauration... Un projet parmi tant d'autres, un dossier numéroté !

VIVIEN. L'homme du gouvernement appelle presque tous les jours à l'atelier de M. Asher... Ce doit être sérieux si un gentleman se montre si insistant !

TITANICA. Et qu'est-ce qu'Edmund lui répond ?

VIVIEN. Que c'est à vous de décider...

TITANICA. Il ne cherche sans doute qu'à faire grimper les enchères.

VIVIEN. Ne soyez pas si dure à son égard. Voilà six mois que je le fréquente quotidiennement et il ne m'apparaît pas si intraitable. Je crois qu'il est sincère quand il dit que le choix vous revient. Les cartes sont entre vos mains.

TITANICA. Quand j'ai quitté la vie publique, c'était pour ne plus y revenir. Qu'on me laisse finir mes jours en paix sur ces quais ! Parmi les grandes structures d'acier abandonnées, je me sens chez moi. Ce que je fus, j'en témoigne dans ces entretiens que je t'accorde...

VIVIEN. Parlez-m'en. Dites-moi ce que vous portez en vous, ce que vous croyez personnellement pouvoir livrer.

TITANICA. Non. Pas aujourd'hui, petite Vivien. Ce serait trop long, trop périlleux. La fatigue, la mémoire qui se dérobe... Il me faudrait repartir du début. Encore me répéter.

VIVIEN. Non, vous ne vous répétez jamais. Allez-y.

Vivien met la caméra en marche.

TITANICA. Edmund C. Asher... Il avait trente ans, dix de plus que moi, et on disait déjà de lui qu'il était l'avenir de la sculpture en Angleterre. C'était en 1967. Il venait chaque soir prendre son café noir pour commencer sa journée à lui, la nuit des autres, au bistrot où j'étais serveur. Oui, j'ai été un jeune homme, j'ai eu vingt ans, j'ai été serveur ! Puis j'ai rencontré un artiste qui m'a proposé d'être « autre chose ». Ce dernier client, monsieur Asher. Moi, je le regardais boire son café noir tandis que je montais les tables du lendemain et je me disais : « Cet homme s'en va cette nuit refaire le monde et toi, devant toi, il n'y a que monter, démonter et remonter des tables à l'infini. » J'avais vingt ans et tout ce que j'arrivais à voir devant moi, c'était une suite sans fin de tables de restaurant, placées en escalier jusqu'à ma mort. Un soir, j'ai pris mon courage à deux mains et je l'ai abordé : « Monsieur Asher, j'aimerais moi aussi refaire le monde. » Il a posé sa main sur la mienne en me disant : « Ne m'appelle pas monsieur, c'est comme si tu voulais que je reste à l'écart de ta vie. » Ce soir-là, nous nous sommes rendus ensemble à son atelier de Chelsea. La première chose que je vis en entrant, ce fut ces quelques feuilles d'acier qui à l'époque traînaient encore sans vie dans un coin de l'atelier. Edmund a ouvert une bouteille de vin et je me suis mis à parler, à parler comme si je n'avais jamais parlé de ma vie auparavant. Je lui ai dit à quel point j'avais peur, peur que mon passage sur terre n'ait aucun sens, peur de mourir le lendemain, avant même d'avoir réellement donné quelque chose au reste du monde. Peur de n'être qu'une explosion de cellules qui vient puis s'éteint avant même d'être parvenue à se justifier. Il m'a répondu qu'il comprenait, qu'il ressentait lui aussi cette angoisse et qu'au fond, tout ce qui le différenciait de moi, c'était qu'un jour il s'était accroché à de la matière, des briques, du fer, de la glaise et que maintenant, quand le monde tournait trop vite, il avait son point d'ancrage. Il a parlé de cette jeunesse, dont nous étions, et qui allait, hagarde, incapable de trouver rapidement son sens dans l'éclatement des cadres et que les anciens étaient prêts à tout moment à écraser. Nous étions fragiles et son seul désir était de nous construire une armure. La robe des grands combats, comme il l'appelait. C'était sa façon à lui de nous permettre de nous frayer un chemin dans ce siècle, nous les plus fragiles : les artistes, les femmes, les Noirs, les poètes, les rêveurs, les gais, les Juifs ! Titanica : sans cesse ce mot revenait dans sa bouche. Titanica ! Titanica ! Comme si à lui seul il avait été porteur de son grand rêve. Un visionnaire, Edmund !

Alors qu'un vent immense de libération soufflait, il appréhendait le pire. « Notre liberté leur fera peur... Les bien-pensants vont rappliquer ! Et il faudra être armé. » Cette nuit-là, nous sommes devenus amants. Chaque nuit qui suivit, je me rendis chez lui à l'heure de la fermeture du bistrot. Nous faisions l'amour, puis il quittait le lit pour aller travailler, tandis qu'épuisée je m'endormais. Le lendemain, au réveil, je retrouvais les pièces d'acier, dans le même coin de l'atelier, qui lentement se soudaient et prenaient forme. Puis un matin, elle est apparue, telle qu'elle est aujourd'hui. Edmund ne s'était pas assoupi. Il était là, dans la lumière de l'aube, et il la regardait en fumant une cigarette. Je me suis approchée et dans le regard que nous avons échangé, il était clair que nous pensions la même chose. C'était comme si elle s'était assemblée toute seule, pendant que nuit après nuit nous faisions l'amour au cœur de l'atelier. Qui l'avait faite ? Peut-être un dieu qui avait chauffé le métal ! Un dieu architecte ! Peu importe. Edmund allait la signer et moi... Moi, j'allais la porter. J'étais sa chair. Un jour de janvier 1968, je suis entrée à l'intérieur et Edmund a soudé le dernier joint du corsage. J'étais Titanica, la robe des grands combats. Il m'a dit : « Il y a une chose que toi seule doit savoir. Une phrase est gravée à l'intérieur de la jupe. » Il me l'a murmurée à l'oreille. Puis il a ajouté : « Cette phrase, c'est ce que tu as à transmettre à l'humanité. » Et puis le tourbillon a commencé. J'ai fait le tour du monde, invitée dans tous les grands musées. On ne pouvait pas m'y enfermer, j'étais de passage. Je traversais les lieux sous le regard ahuri des visiteurs, Edmund à mes côtés, fier comme un pape. Une diva ! Les biennales, les symposiums, les interviews... Devant moi, tous les grands critiques se pâmaient. Les flashs crépitaient, première page de *Vogue*, du *Times*, de *Life* ! Jusqu'à ce que le temps, l'usure, la mode qui passe... Quand Edmund est venu s'installer aux abords du dock, il y a de ça trois ans maintenant, je me suis juré de ne jamais le rencontrer. Voilà, c'est assez. Je t'ai tout dit.

VIVIEN. La phrase, Titanica. Celle que vous cachez sous votre jupe...

TITANICA. Non. Pas ça. Je ne te la dirai pas, Vivien. Ni à toi ni à personne. Même si tu me fais répéter la même histoire deux cents fois, je ne la dirai jamais. Elle fait partie de ce qui vivra après ma mort. Si quelqu'un pense à regarder à l'intérieur de la robe avant de l'envoyer à la fonderie. *(Elle donne une petite tape sur la robe.)* On recycle, de nos jours, j'imagine que c'est ce qui nous attend, ma vieille !

VII

Entre la reine Isabelle, en costume d'époque. Elle s'approche de Titanica et de Vivien.

ISABELLE. Pardonnez-moi, je suis nouvelle dans le quartier et je...

TITANICA. Madame ?

ISABELLE. La Louve de France, c'est ainsi que l'on me nomme.

TITANICA. La Louve de France ! Quelle appellation élégante et stylée !

VIVIEN. Ce sont les mots d'un poème de Thomas Gray. Je me souviens. *« Louve de France, dont les crocs acharnés / Déchirent les entrailles de ton époux mutilé. »*

TITANICA. Madame a donc inspiré des poèmes. J'ai aussi été la muse d'un artiste contemporain...

ISABELLE. J'aimerais savoir, monsieur...

TITANICA. Madame. On dit : UNE œuvre d'art. Je me présente, *Titanica, la robe des grands combats, Edmund C. Asher, Londres, 1968.*

ISABELLE. J'allais vous demander si vous n'aviez pas vu mon époux, par hasard. Je le cherche depuis une éternité. Sept siècles, pour être exacte.

TITANICA, *à Vivien.* Une actrice, je crois. Sans doute joue-t-elle au Royal Court.

ISABELLE. Un grand roux, vêtu à la mode d'autrefois, qui parle en paraboles et court comme un chien de chasse. Edward est son nom.

TITANICA. Je ne connais personne qui réponde à cette description... Et toi, Vivien ?

VIVIEN. Moi non plus.

ISABELLE. Vous en êtes bien certaines ? Voyez-vous, mon époux est dangereux. Consumé du feu des enfers, il s'amuse sur son passage à incendier les âmes pures...

TITANICA, *à Vivien.* Quel sens de la répartie ! Une grande actrice, une vraie.

ISABELLE. Il lui arrive de faire des choses étranges...

TITANICA. Comme ?

ISABELLE. Eh bien, il a un faible pour les jeunes et jolis garçons...

TITANICA. Pour un homme marié, cela est quelque peu gênant.

ISABELLE. J'en conviens. Et... il mord.

TITANICA. C'est là une bien vilaine manie. Mais, hélas, nous ne pouvons vous renseigner.

ISABELLE. Pourriez-vous, dans ce cas, m'indiquer le meilleur observatoire des environs ?

TITANICA. Il s'agit de la tour désaffectée des usines Atwood. Y monter est un peu périlleux, mais la vue y est imprenable. Nous pouvons de ce pas vous y conduire.

ISABELLE. C'est trop aimable. De là, je pourrai peut-être apercevoir mon époux.

TITANICA. Prenez mon bras, madame la Louve de France. Et toi, Vivien, sois notre éclaireuse. Pendant que notre petit ange dort, profitons-en pour rendre service à cette pauvre femme accablée.

Elles sortent toutes trois, abandonnant le matériel de Vivien sur place.

VIII

Paraît Edward, l'air traqué. Apercevant Jimmy, il s'en approche discrètement, fasciné.

EDWARD. Une telle ressemblance... La chose est-elle possible ? *(S'approchant davantage.)* Le même profil, la même finesse des traits...

Edward va pour toucher Jimmy du bout des doigts, mais juste avant, Jimmy s'éveille en sursaut. Edward se cache rapidement.

EDWARD. Le même regard enflammé...

Jimmy inspecte ses poches et son sac. Constatant qu'on lui a tout pris, il cherche autour de lui quelque chose à voler. Il s'empare de la caméra de Vivien et fouille les affaires de Titanica à la recherche d'argent, puis s'apprête à fuir.

EDWARD. Jeune homme !

Jimmy s'empresse de glisser la caméra de Vivien dans son sac de voyage.

JIMMY. Que me voulez-vous ?

EDWARD. C'est étrange, petit, comme tu ressembles à un homme qui a vécu il y a très longtemps : Pierre de Gaveston.

JIMMY. Je crois pas que ce soit dans ma famille. Qui êtes-vous ?

EDWARD. Un homme traqué qui parfois stoppe sa course pour admirer un joli visage.

JIMMY. Seriez-vous, monsieur, l'envoyé des Jeunesses conquérantes ?

EDWARD. L'envoyé de qui ?

JIMMY. Laissez tomber. Je venais ici pour trouver une mission, mais je crois que désormais le mieux pour moi est d'aller voir ailleurs...

EDWARD. Une mission sur tes frêles épaules, garçon ?

JIMMY. Je n'ai peur de rien et je sais me battre.

EDWARD. Alors, j'ai quelque chose pour toi... Tel que tu me vois, errant de quai en quai et marchant la tête basse pour ne pas être repéré, je me prépare à assouvir une vengeance vieille de plusieurs siècles, à venger la mémoire de l'homme qui me fut le plus cher et que par pure haine une reine a ordonné que l'on déporte. C'est moi qui, la nuit dernière, ai éventré ce navire...

JIMMY. Ces fous m'ont pris pour le coupable et ont failli me jeter à la mer.

EDWARD. Peux-tu garder un secret ? J'ai mordu.

JIMMY. Mordu ?

EDWARD. Chargé d'une rage séculaire, je reviens régler mes comptes avec ce pays. Bientôt, Londres verra éclater une véritable révolution...

JIMMY. Une révolution ? Ici, sur ces quais ?

EDWARD. Oui. Mais pour que mon plan fonctionne, les résistants doivent tenir tête à la monarchie, le plus longtemps possible, et prendre les armes s'il le faut. Veux-tu être mon allié et tenter de les convaincre ?

JIMMY. Qu'est-ce que ça m'apportera ?

EDWARD. Tu seras au front comme tu le souhaitais...

JIMMY. C'est ce que promettaient les Jeunesses conqué-rantes et voilà où j'en suis !

EDWARD. Quelques jours, seulement, et ces quais seront le théâtre d'une grande révolution...

JIMMY. À voir comment ils m'ont accueilli, je ne suis pas certain qu'ils m'écouteront.

EDWARD. Tu sauras les amadouer, bel enfant. Et donne-leur cette énigme à méditer : « Quelles fleurs la belle Angleterre préfère-t-elle voir pousser ailleurs que dans ses prés ? »

JIMMY. Comment je fais si je veux vous revoir ?

EDWARD. Tu n'auras qu'à m'appeler. À venir ici, au bord des eaux et à crier. Je me nomme Eddy.

JIMMY. Moi, c'est Jimmy.

EDWARD. Et pour la caméra, ne t'en fais pas. Ça reste entre nous.

IX

Les appartements de la reine d'Angleterre. La reine, seule. La pièce est envahie par une forêt miniature de rosiers.

LA REINE. La malédiction ! D'Edward II, le sodomite, qui humilia son épouse, Isabelle de France, à Edward III, leur fils ; de Richard II à Henri IV ; d'Henri V à Henri VI, en passant par Richard III qui fit tuer les enfants de son frère et régna par la terreur ; d'Henri VII, premier des Tudor, à Henri VIII qui provoqua le schisme et fit décapiter ses femmes ; d'Edward VI à Marie Tudor, dite Marie la Sanglante, qui persécuta les protestants jusqu'à Élizabeth Ire, la brave, qui fit régner l'ordre et la droiture sur l'Angleterre ; de Jacques Ier à Charles Ier ; de Charles II à Jacques II ; de Guillaume III à Anne Stuart qui réunit l'Écosse et l'Angleterre, consolidant le royaume ; de George Ier à George II ; de George III à George IV ; de Guillaume IV à Victoria, reine d'Angleterre et première impératrice des Indes ; d'Edward VII en passant par George V jusqu'à Edward VIII qui abdiqua pour épouser une divorcée ; puis de George VI à moi, Virginia Ire d'Angleterre, se peut-il qu'une goutte de sang ait traversé sept siècles d'Histoire, de veine en veine, de famille en famille, de mariage en mariage, de guerre en guerre, de régime en régime, qu'une goutte, une seule, se soit rendue à mon sang pour me faire, à mon tour, reine maudite d'Angleterre ? Mon père me répétait que, de siècle en siècle, le germe fou d'Edward II n'avait pu faire autrement que de se perdre. Et pourtant me voilà, seule, au milieu d'une tempête où vents et marées sur moi convergent. Sois forte ! Pense à Isabelle de France, dite la Louve, la malheureuse épouse de ce roi maudit, qui garda la tête haute malgré tout et fit déporter le mignon de son mari. Et toi, Edward II, toi dont le règne fut celui du chaos, toi qui voulus changer l'ordre qui va du ciel à la terre, toi qui mis dans ton lit un homme et à la tête de la nation, la folie, sache, Edward, que je ne te laisserai pas entraîner notre île au fond des eaux glauques où tu t'es abaissé. Je purifierai l'Angleterre envers et contre tous ! Je reprendrai dès aujourd'hui mon étude de la botanique.

Paraît Mr Clark, avec Maggie sur les talons.

MR CLARK. Madame, le hall et les grands escaliers sont maintenant une forêt de rosiers miniatures ! Tout le palais a les genoux écorchés...

LA REINE. Je sais. Je reçois en après-midi un journaliste de la BBC et notre attaché de presse a cru bon d'illustrer ma passion de la botanique. Autre chose ?

MR CLARK. La chambre des lords se demande s'il ne faudrait pas reporter la cérémonie, étant donné l'état du navire...

LA REINE. Il n'en est pas question. Les journalistes n'auront qu'à photographier le côté intact du navire !

MR CLARK. Il y a aussi la question de cette cellule de résistants. Ceux-ci s'organisent...

LA REINE. Bande d'incompétents !

MR CLARK. Les autorités ont fait leur possible. Nous ne pouvons tout de même pas demander à l'armée...

LA REINE. N'y a-t-il donc pas des voies plus pacifiques pour garder ces miséreux en laisse ?

MR CLARK. J'en entrevois une autre. Une seule qui permettrait de faire passer ces trouble-fêtes dans nos rangs, de calmer leurs jappements...

LA REINE. Laquelle, je vous prie ?

MR CLARK. Faire de Titanica notre effigie. Cet homme est des leurs, il saurait leur parler...

LA REINE. Un homme ?

MR CLARK. En fait, il s'agit de l'ancien amant de l'artiste...

MAGGIE. Un homme en robe d'acier ?

MR CLARK. Un homme dans la cinquantaine, un gentleman... Personne, à Londres, n'ignore les préférences sexuelles d'Asher...

LA REINE. Une folle comme effigie de mon pays ?

MR CLARK. Un homosexuel, madame.

LA REINE. Une folle, un homosexuel, un homme douteux qui ride et persiste à s'affubler d'un rire de jeune fille ! J'imagine très bien. Un objet de disgrâce et qui, en plus, est des leurs !

MR CLARK. Alors il faudra l'armée.

LA REINE. Eh bien, que l'armée descende sur les quais ! Avec toutes vos années d'expérience dans le monde diplomatique, il est absolument incroyable que vous ayez pu envisager une option aussi extravagante.

MR CLARK. Les lords se demandent aussi si Sa Majesté, malgré les actes terroristes commis récemment, compte toujours assister à la cérémonie en personne...

LA REINE. Sa Majesté se tiendra debout sur les quais de King Edward II dock, ce vendredi, terroristes ou pas.

Mr Clark sort.

LA REINE. Pour nous remettre de ces émotions, Maggie, vous pourriez me lire l'une des poésies de mon amant...

MAGGIE. Avec ce raid que l'armée effectuera sur les quais, une chose au moins est sûre : cet amant ne récidivera pas.

LA REINE. Vous croyez ?

MAGGIE. Un poète, madame, ils n'en feront qu'une bouchée !

LA REINE. Ce serait triste de mettre fin si cruellement à une histoire aussi palpitante...

MAGGIE. La fougue de vos soldats fera taire une fois pour toutes ce vaurien.

LA REINE. Vite, Maggie, courez, rattrapez Mr Clark ! Nous la restaurerons, cette folle d'un autre temps !

MAGGIE. Madame...

LA REINE. Je n'aurai pas sur les mains le sang d'un poète qui chantait ma gloire.

Maggie sort.

X

L'aube. Black Jack rentre de la ville, un journal en main. Il fait du tapage pour réveiller les autres. Paraissent Titanica, Jimmy et quelques résistants.

BLACK JACK, *lisant.* « Londres, ce matin. Une rumeur, vite démentie par le palais royal, a couru à l'effet que l'armée a été sollicitée pour mettre un terme au siège des résistants de King Edward. Toutefois, une source qui tient à conserver l'anonymat a confirmé que l'armée avait bel et bien été avisée de se tenir prête à intervenir. Verrons-nous, dans les prochaines heures, l'armée descendre sur les quais ? » Ils vont mettre leurs menaces à exécution...

TITANICA. Calme-toi, Black Jack.

BLACK JACK. Ça prendra plus que l'armée pour me sortir d'ici, croyez-moi. Ils vont voir de quoi nous sommes capables.

TITANICA. Notre jeune voyageur s'est vu confier une énigme par une voix de l'au-delà alors qu'il se reposait...

JIMMY. Non, c'est un homme, un homme qui se disait traqué, vêtu de manière extravagante et qui prédisait pour bientôt une grande révolution.

BLACK JACK. Un autre ivrogne qui prend ses délires pour des réalités. Alors, tu la craches l'énigme, Jimmy ?

JIMMY. L'inconnu a dit : « Quelles fleurs la belle Angleterre préfère-t-elle voir pousser ailleurs que dans ses prés ? »

BLACK JACK. Que ce soit des lys, des glaïeuls, des orchidées ou des chardons, ça ne change rien à la situation. C'est notre peau que nous jouons. *(Brandissant le journal.)* Ça, c'est une déclaration de guerre, pas un traité de botanique !

JIMMY. L'inconnu a aussi dit que vous deviez continuer à tenir tête à la monarchie. En prenant les armes, s'il le fallait.

BLACK JACK. Tu commences à parler en homme, petit. Mais pour prendre les armes, il faudrait convaincre Isadora et tous ceux qui se rangent derrière elle.

TITANICA. Tout n'est pas perdu... Allons donc. Laissons cet enfant opérer... Jimmy, ne pourrais-tu pas tenter de convaincre Isadora ?

BLACK JACK. Ce kid capable de faire changer d'avis Isadora ? Laissez-moi rire !

JIMMY. Si cette femme a voulu que l'on m'épargne, elle acceptera peut-être de m'écouter.

BLACK JACK. Je te mets au défi, Jimmy Boy : si tu parviens à la convaincre de nous laisser prendre les armes, tu deviendras mon bras droit. Mais si tu échoues, je jure devant vous tous que les marées te reprendront.

JIMMY. J'accepte.

Silence.

BLACK JACK. Pardon ?

JIMMY. J'accepte de relever ton défi, Black Jack.

XI

Vivien, seule. Paraît la reine Isabelle, déguisée pour l'occasion en directrice de musée, avec un attaché-case à la main et affectant un accent italien très prononcé.

ISABELLE. Pardonnez-moi, mademoiselle. Si je ne m'abuse, vous êtes l'assistante de M. Asher, le grand sculpteur...

VIVIEN. Oui, en fait je travaille à cataloguer son œuvre...

ISABELLE. Je me présente : Carlotta Spontini, responsable des expositions du Musée d'art contemporain de Roma. J'aimerais obtenir un petit entretien avec M. Asher.

VIVIEN. Je suis désolée, mais il ne reçoit personne. Et pour ce qui est des droits pour les expositions...

ISABELLE. Il s'agit plutôt d'une commande...

VIVIEN. M. Asher ne produit plus pour des fins d'exposition depuis plus de vingt ans, madame.

ISABELLE. Comprenez-moi bien. On ne parle pas ici de petites sommes, mais bien plutôt d'argent, de beaucoup d'argent... *(Elle ouvre l'attaché-case devant une Vivien incrédule.)* Vous permettez ? Notre musée organise une exposition sur l'intolérance. Nous regroupons des œuvres de différents artistes européens, dont celles de Wolfgang

45

Klaus, dit le peintre d'Auschwitz, et celles de Clara Miranis, photographe par excellence des champs de bataille. Mais il nous manque une pièce de résistance, une pièce qui ouvrirait l'exposition. J'ai une offre à faire à Asher : réaliser pour nous une muselière métallique aux dimensions humaines. Quoi de plus éloquent pour illustrer l'intolérance qu'une muselière ?

VIVIEN. Il ne produit plus.

ISABELLE. Il y a sûrement dans un coin de l'atelier quelques pièces qui traînent... Un peu de soudure, et le tour serait joué.

VIVIEN. M. Asher est un artiste, madame, pas un mécanicien.

ISABELLE. Cent cinquante mille livres. Ce n'est pas rien. Dans le milieu de l'art contemporain, tout se sait, vous savez. La fortune de M. Asher part en fumée, sur le pas de sa porte s'accumulent les avis répétés de ses créanciers...

VIVIEN. Ce sont des choses qui ne concernent que M. Asher.

ISABELLE. Mais si je ne m'abuse, M. Asher a... Comment dit-on déjà dans votre langue ? Une personne à charge... Une rentière !

VIVIEN. Oui, un... ancien ami.

ISABELLE. C'est onéreux, un « ancien ami »... Ce serait dommage que cette personne, faute de fonds, en vienne à vivre encore plus misérablement... Cent cinquante mille livres ! Cela justifie peut-être une petite exception.

VIVIEN. Je pourrais en parler à M. Asher...

ISABELLE. Charmante enfant. Ah oui, un détail... Je m'envole demain pour Roma et j'aimerais ramener la pièce...

VIVIEN. Alors, c'est inutile d'y penser...

ISABELLE, *refermant l'attaché-case.* Dommage pour l'ancien ami que la misère guette.

VIVIEN. Attendez... En acier ou en bronze ?

ISABELLE. Le plus résistant possible, c'est ce qui importe. À plus tard, mademoiselle.

Vivien sort.

ISABELLE, *abandonnant son accent.* J'adore la flexibilité des artistes.

XII

Aux abords des appartements d'Isadora. Jimmy s'approche, mais celle-ci, déjà, vient à sa rencontre.

ISADORA. Ils t'envoient pour m'extraire de ma retraite. Sortir l'endeuillée du noir, comme les décharges électriques servent à sortir un fou des délires où il s'était plongé. Et ils comptent prendre les armes, n'est-ce pas ?

JIMMY. Qui vous l'a appris ?

ISADORA. Rien ne m'échappe. Toutes les rumeurs du dock se mêlent et finissent par aboutir chez moi.

Isadora lui tend la main pour qu'il la lui baise. Jimmy s'exécute gauchement.

ISADORA. Quand tu auras l'étoffe d'un vrai révolutionnaire, tu abandonneras le vouvoiement et tu mordras au lieu de baiser.

JIMMY. Black Jack disait que vous seriez difficile à convaincre. Je vous trouve presque sortie du deuil. Encore voilée, mais...

Isadora soulève son voile, exhibant son visage décomposé. Jimmy sursaute.

ISADORA. Mon visage t'effraie ?

JIMMY. Non, bien sûr que non.

ISADORA. Ils ne t'avaient pas prévenu ? L'histoire a tout d'un conte... Sur le chemin de l'école, un chien errant, sorti de nulle part, se jeta sur moi et me mordit au visage. Balafrée, la petite fille si sage et si jolie. Dès que le chirurgien apprit à ma mère que les marques étaient ineffaçables, elle entra dans une colère terrible. Elle hurlait qu'elle allait tuer ce chien bâtard qui avait gâché l'avenir de sa fille adorée. Elle qui entretenait depuis ma naissance le rêve de me voir épouser le prince héritier... Elle lança mes affaires à la rue et me dit que c'était là que devaient vivre les chiennes galeuses. Je suis sortie, digne, mais le cœur lourd d'être séparée de mon jeune frère.

JIMMY. Celui que vous pleurez ?

ISADORA. Lewis... C'est sur lui qu'elle s'acharna par la suite. Elle le voulait premier ministre. Il choisit de désobéir et d'être D. J., DJ Lewis. Pendant des mois, ma mère s'est rendue là où il travaillait. Pour le supplier de revenir à des ambitions plus nobles. Elle se plantait au centre de la piste de danse et le bombardait d'injures. Chaque fois, la sécurité devait intervenir. Puis, un soir, à bout de nerfs, il a craqué : « Je vais crever, maman. CREVER ! Le mal s'est déjà répandu dans mes veines. Ils sont des centaines à en mourir chaque jour et personne ne sait comment guérir cette monstrueuse maladie. Je vais crever, maman ! » Après ça, ma mère a abandonné. Elle l'a laissé mourir seul. Dépitée, veuve et délaissée, elle s'est engagée pour la couronne. La fin de ses absurdes rêves de pouvoir : servir là où elle aurait voulu nous voir régner.

JIMMY. Vous avez tous les droits d'être éplorée par la mort de votre frère.

ISADORA. J'aurais tellement aimé lui fermer les yeux à lui, mon petit frère amant de la musique. Je m'étais voilée pour que sa dernière vision sur cette terre ne soit pas celle de mon affreux visage. Mais son corps avait été subtilisé.

JIMMY. J'espère de tout cœur que vous retrouverez sa dépouille.

ISADORA. Que t'a promis Black Jack si tu arrivais à me convaincre de vous laisser prendre les armes ?

JIMMY. De devenir son bras droit.

ISADORA. Tu seras son cœur. C'est ce qui manque à Black Jack pour être un grand chef : un cœur capable de s'émouvoir.

JIMMY. Merci, madame.

ISADORA. J'ai tout tenté pour empêcher notre expulsion. Dans les bibliothèques publiques, assise en plein cœur des allées, je feuilletais les livres de droit pour y chercher des arguments légaux. Je croyais que la justice était un livre clair et lumineux qui donnait à tous les clés pour se faire respecter. Je m'acharnais... Jusqu'à ce que le deuil fasse s'effondrer la guerrière. Y a-t-il autre chose que les armes pour rappeler aux puissants que nos vies valent bien les leurs ? J'aurais bien aimé le croire, mais avec Lewis à retrouver, je n'ai plus la force d'entretenir des songes si utopiques. Va !

JIMMY. Merci, madame.

Isadora lui tend la main comme pour solliciter un baisemain.

ISADORA. Mords !

Jimmy hésite puis s'exécute. Il sort.

XIII

Vivien visionne des extraits d'entrevues avec Titanica.

VOIX DE TITANICA. « Avec l'âge, je suis devenue plus enrobée... L'espace entre la robe et moi a presque disparu. Je suis un peu à l'étroit. C'est peut-être ça le plus terrible : le froid contact du fer sur ma peau, son poids sur mes clavicules, et le cri des joints quand je soupire. » *(Vivien avance la bande.)* « Edmund s'est trouvé dans une drôle de position... Celui qu'il aimait était aussi son œuvre. Et comme l'artiste souvent en vient à développer une sorte d'aversion envers ce qu'il a créé par le passé, il a fini par me délaisser et notre relation s'est effritée... » *(Vivien avance à nouveau la bande.)* « L'enlever, m'en départir ? Ah, ma chère enfant ! Crois-tu que je n'y ai jamais songé ? Mais que serais-je sans elle ? »

Entre Black Jack.

BLACK JACK. Toujours occupée à sonder les secrets de Titanica...

Vivien interrompt son visionnement.

VIVIEN. Et toi ? Toujours à la recherche de jeunes idéalistes prêts à se battre à poings nus contre l'escouade anti-émeute ?

BLACK JACK. Notre soulèvement va ébranler leurs plans...

VIVIEN. Si jamais votre soulèvement réussit à voir le jour, il se terminera probablement dans un grand nuage de gaz lacrymogène... *(Un temps.)* En passant, Black Jack, si c'est toi qui as eu la brillante idée de me voler ma caméra, sache que cela ne compromet en rien la réalisation de mon projet... J'ai commencé le montage et j'ai suffisamment de matériel pour trois documentaires.

BLACK JACK. Je n'ai pas touché à ta caméra. Mais si j'étais toi, je surveillerais bien mes bandes. Un accident est si vite arrivé...

VIVIEN. Ne t'avise surtout pas de t'en prendre à mon matériel. Ce documentaire est d'une importance capitale pour Titanica...

BLACK JACK. Et tu crois sincèrement que c'est comme ça que tu vas changer le monde ? En filmant Titanica qui radote et en cataloguant les œuvres de ce vieux sénile d'Edmund C. Asher ?

VIVIEN. Je te défends de parler d'eux en ces termes. Quand j'ai commencé à m'intéresser à eux, à l'université, tous s'acharnaient à me convaincre que Titanica ne signifiait plus rien aujourd'hui. Mais je me suis entêtée. Désormais, le gouvernement projette de la restaurer et mes travaux sont accueillis avec intérêt.

BLACK JACK. Mais qu'est-ce que ça t'apporte à toi ? Qu'est-ce que tu cherches, toi, Vivien ?

VIVIEN. Je cherche à faire entendre une voix qui s'est perdue. Longtemps, j'ai cherché ce qui pouvait réellement m'intéresser. J'ai touché à tout : la sculpture, la peinture, l'écriture, le cinéma. Pour en venir à une conclusion : je ne suis pas une artiste. Mais si je peux servir à faire entendre la voix de ceux qui ont ce talent-là, je considérerai que j'aurai réalisé quelque chose.

BLACK JACK. Humble servante de l'Art ! Ils sont par millions ceux dont la voix se perd dans ce pays, et toi tu penses à déterrer des cris vieux de trente ans !

VIVIEN. Toi, Black Jack, à quoi aspires-tu ? À leur faire pousser leur dernier cri ? J'intitulerai mon documentaire *Les Archives de l'humanité* et ce sera ma contribution personnelle, aussi minime qu'elle puisse te sembler être.

BLACK JACK. *L'Agonie d'un tas de ferraille* serait peut-être plus accrocheur !

VIVIEN. Pauvre Black Jack... Je sais que c'est ambitieux et que c'est la pourriture et l'oubli qui attendent les corps. Et peut-être même que les âmes, elles aussi, meurent. Mais justement ! Puisqu'on fait des enfants pour assurer la continuité de la race, pourquoi ne pas assurer la pérennité des âmes en essayant de conserver les manifestations de leur essence ? Chaque fois que j'immortalise un peu de la pensée d'un artiste, j'ai l'impression de participer aux Archives de l'humanité, de faire qu'une âme ne s'éteindra pas avec le corps qui la portait.

BLACK JACK. Comme si j'avais besoin de l'âme de ceux qui m'ont précédé pour vivre. J'ai bien assez de la mienne à porter.

Paraît Jimmy.

BLACK JACK. Notre guerrier d'Amérique a-t-il accompli sa mission ?

JIMMY. Isadora accepte que nous prenions les armes.

XIV

Titanica entre en scène, solennelle, lettre à la main.

TITANICA. Ma très chère Vivien, j'ai une grande nouvelle à annoncer... C'est une révélation qui risque d'avoir des conséquences importantes sur l'avenir de notre petite communauté. J'aimerais que tous s'approchent.

Un groupe se forme autour de Titanica.

TITANICA. J'ai eu pendant des années un prétendant.

VIVIEN. Je ne vous connaissais aucune idylle !

TITANICA. À vrai dire, moi-même, je l'avais presque oublié. Mais voilà qu'aujourd'hui, le gentleman s'est rappelé à moi.

BLACK JACK. Encore le passé !

VIVIEN. Black Jack !

TITANICA. L'ambassade d'Angleterre à Paris... La dernière escale de notre périple. Nous avions fait la tournée de tous les grands musées de la planète et, couronnement des couronnements, les hautes sphères diplomatiques nous accueillaient. Les grands de ce monde invitaient l'Art à leur table ! Le mépris. Ce soir-là, dans cette salle de marbre aux lustres trop lumineux, je fus l'œuvre d'art la plus malheureuse de tous les temps, parce que vivante. Ah, si tous les tableaux, si toutes les sculptures, si tous les livres pouvaient hurler leur chagrin... S'ils pouvaient mettre en mots le désespoir qui les étreint quand le regard de ceux qu'on dit les grands de ce monde se pose sur eux... J'ai vécu, ce soir-là, mes enfants, le drame de l'art. J'allais quitter l'ambassade par la sortie de secours, l'âme brisée, pour aller me jeter dans les eaux de la Seine, quand on m'interpella. Ah ! Il avait un je-ne-sais-quoi, quelque chose qui, immanquablement, vous donnait envie de sourire. « Je me présente, William Clark, attaché politique. Serait-il possible de nous revoir avant que vous ne regagniez Londres ? » me demanda-t-il en ajustant son nœud papillon. Les jours qui suivirent, ce Clark me fit porter des fleurs à mon hôtel. Cela rendit Edmund furieux. Mon horaire ne permit pas une seconde rencontre... Bien sûr, c'était flatteur, mais à l'époque j'étais encore follement éprise d'Edmund.

BLACKJACK. Et peut-on savoir en quoi cette histoire nous concerne ?

VIVIEN. Black Jack !

TITANICA. Un instant. J'y arrive. On m'a fait porter ce matin une lettre officielle, m'annonçant que j'ai été désignée pour être l'effigie du projet Angleterre-Argentine. Ma présence lors de l'inauguration prévue pour vendredi sera des plus appréciées et l'invitation précise que tous mes amis, vous tous pour ainsi dire, seront les bienvenus...

VIVIEN. Nous ne serons donc pas expulsés !

TITANICA. Je paraîtrai, à cette occasion, aux côtés de notre chère reine, et un photographe célèbre réalisera des photographies destinées aux plus prestigieux magazines... Croyez-le ou non, cette lettre est signée par le porte-parole officiel de Sa Majesté, Mr William Clark.

VIVIEN. Vous avez fréquenté le porte-parole de Buckingham Palace dans votre jeunesse ?

TITANICA. Eh oui ! C'est même lui qui, paraît-il, est à l'origine du projet de ma restauration. J'ignorais ce qu'il était devenu... Je l'avais presque oublié. Et voilà qu'aujourd'hui, lui se souvient toujours de moi. Certes, j'avais renoncé à la vie publique, mais...

BLACK JACK. Ça te sera tellement pénible de sabler le champagne avec les dignitaires. Quel courage, quel sacrifice !

TITANICA. Tu as beau ironiser, Black Jack. C'est par moi, par cette peau d'acier qui m'étouffe que nos vies seront épargnées. Et non pas par les armes. Vous tous qui me connaissez savez très bien qu'il est contre mes principes de me servir ainsi de mes relations... Mais les événements, aujourd'hui, l'imposent. Je parlerai personnellement à la reine. J'ai déjà en tête mon plaidoyer.

BLACK JACK. Toute cette histoire est absolument ridicule. La seule solution, maintenant, c'est de prendre les armes.

TITANICA. Les choses se régleront avec classe, entre femmes du monde.

BLACK JACK. Même Isadora a fini par entendre raison. Viens, Jimmy. C'est à nous d'agir.

Black Jack et Jimmy sortent.

TITANICA. Pauvre Black Jack. Il faut vivre avec son temps... Ce n'est plus sur les champs de bataille que se mènent désormais les vrais combats.

VIVIEN. Je suis si heureuse, Titanica. Vous comme effigie d'un projet national... C'est une consécration. Pourrai-je vous accompagner ?

TITANICA. Bien sûr. Tu seras ma demoiselle de compagnie. Peut-être pouvons-nous espérer des jours meilleurs, ma chère Vivien.

XV

Les appartements royaux. La reine et sa lectrice.

LA REINE. Demain, Virginia Ire d'Angleterre libérera son pays d'un mal innommable... Dites-moi, Maggie, n'y a-t-il rien de nouveau au chapitre de cette mystérieuse correspondance ?

MAGGIE. Heureusement, non. Plus rien de ces feuillets aux accents pornographiques.

LA REINE. Je vous trouve bien sévère... Qui sait si demain cet intrigant ne profitera pas de ma présence sur les quais pour venir m'offrir une gerbe de fleurs. Je compte sur vous pour m'avertir s'il vous semble qu'un gentleman, plus que les autres, me lance des regards où transparaît du désir.

MAGGIE. Je n'y manquerai pas. D'ici là, nous pourrions voir à la révision de votre discours...

On frappe à la porte.

LA REINE. Ouvrez. Peut-être est-ce lui et sa gerbe qui prennent de l'avance !

Paraît Mr Clark.

MR CLARK. Majesté, j'apporte les dernières nouvelles du dock. La nomination de cette Titanica a, comme nous l'espérions, stabilisé la situation.

LA REINE. Les militaires ont-ils élaboré un plan pour voir à la surveillance de ces miséreux lors de la cérémonie ?

MR CLARK. Il sera fort simple de les avoir à l'œil... Tous sont bien connus des milieux policiers. Comme vous l'avez demandé, la présence des médias sera restreinte : seul votre photographe officiel sera admis sur les lieux. Ainsi, s'il advient que ces miséreux tentent de manifester leur désaccord, la population n'en saura rien. J'ai aussi été mandaté pour vous demander une copie de votre discours.

MAGGIE. Nous allions justement le réviser.

LA REINE. Vous et les lords en prendrez connaissance demain, en même temps que le reste de la nation.

MR CLARK. Pardon ?

LA REINE. Je suis parfaitement capable de rédiger seule ce discours...

MAGGIE. Mais il ne s'agit pas, madame, de mettre en doute la finesse ou l'habileté de votre plume.

MR CLARK. Absolument pas. Mais il serait préférable...

LA REINE. J'achèverai seule la rédaction de ce discours.

MR CLARK. Comme vous voudrez. Toutefois, je ne saurais trop vous rappeler de faire preuve en cette délicate situation de subtilité.

LA REINE. Avez-vous déjà vu votre reine manquer de subtilité ?

XVI

Les abords de la Tamise. Jimmy appelant Edward.

JIMMY. Eddy ! Eddy ! *(Paraît Edward.)* Je les ai convaincus. Les résistants de King Edward vont prendre les armes lors de l'inauguration.

EDWARD. Adorable enfant. Quel est votre plan ?

JIMMY. Un peu avant l'arrivée des militaires, j'escaladerai la grue et j'irai me cacher sur le bac suspendu. Les autres seront dispersés dans la foule, des cocktails Molotov dissimulés sur eux...

EDWARD. Es-tu bien certain qu'ils parviendront à cacher des armes ?

JIMMY. Black Jack connaît certains militaires qu'il croit pouvoir soudoyer sans trop de difficultés. Après le discours de la reine, quand tous en seront à applaudir, nous frapperons.

EDWARD. Ce sera un jour mémorable...

JIMMY. J'aurai en main l'arme la plus dangereuse, la plus subversive : la caméra. Perché sur le bac, je filmerai la rébellion des résistants. Des images brutes que nous pourrons par la suite faire circuler dans le monde entier pour répandre la révolte qui nous habite...

EDWARD. L'heure de ma vengeance a enfin sonné. Après sept siècles dans l'ombre, je réglerai mes comptes avec ce pays, avec ces hommes et ces femmes qui exilent l'objet de leurs peurs. Bel enfant, ton courage m'émeut.

JIMMY. En Amérique, Eddy, j'avais l'impression qu'un cri immense couvait au fond de moi. La nuit, je ne dormais pas. Les yeux rivés à l'écran bleuté de mon ordinateur, je guettais le monde... Guerres, famines, génocides et attentats finissaient par former une seule et même réalité qui m'emplissait de révolte. Des images de partout, tous les siècles, tous les pays, traversaient mes yeux pour venir se loger en moi. Je me levais, les tempes battantes, prêt à brandir les poings, à me jeter dans la mêlée, à lancer haut et fort un cri, un appel à la révolution ! Mais toujours je revenais à moi, au sous-sol de la maison silencieux dans la nuit, à ma banlieue endormie, tranquille comme un cimetière. Demain, ces images que j'aurai filmées voyageront pour aller secouer ceux qui dans leur salon croient que le monde entier est aussi confortable que leur fauteuil.

EDWARD. Et Pierre de Gaveston, les résistants de King Edward, tous ceux que l'on cherche à chasser loin de cette île seront enfin vengés. Prends ce manteau qui depuis des siècles me permet de me confondre avec les murs. Il te gardera sauf.

VOIX D'ISABELLE. Edward, c'est toi ? Je reconnais ta voix, Edward !

EDWARD. Oh, grands dieux ! La voilà qui vient...

VOIX D'ISABELLE. Edward !

EDWARD. Rends-moi service, petit, retiens-la un peu.

Edward sort prestement.

XVII

La reine Isabelle, tenant une muselière métallique qu'elle cache subtilement, entre en scène. Jimmy, vêtu du manteau d'Edward, lui montre le dos.

ISABELLE. Edward, te voilà enfin. Peut-être pourrions-nous ce soir régler notre petit différend ? Voilà des siècles que nous nous poursuivons puérilement, que tu refuses de me pardonner et que nous restons coincés entre ciel et terre dans ce cercle vicieux des pardons non proférés... Tu ne vas tout de même pas garder une dent contre moi et le pouvoir jusqu'à la fin des temps ? Je te demande pardon, Edward. La sœur du roi de France, ta femme devant Dieu et les hommes, te demande pardon. *(Un temps. Puis, elle se dirige lentement vers Jimmy.)* Ce sont des enfantillages, Edward. Nous nous couvrons de ridicule devant tous ces étrangers. Tu sais bien que je n'avais rien contre ton amant... Je ne faisais que mon devoir de souveraine en le faisant déporter. Pierre était un gentil garçon, un peu freluquet... *(Avec mille précautions, elle s'apprête à lui mettre la muselière à son insu, mais juste avant, Jimmy se retourne. Elle reste un instant stupéfaite.)* Pierre de Gaveston ! Vous n'aviez pas assez souillé nos armoiries, il vous fallait revenir nous hanter. Et il vous a donné ses habits, à vous, son favori, son minet.

JIMMY. Je ne suis pas celui que vous croyez.

ISABELLE. S'il avait conservé sa couronne, il aurait poussé l'affront jusqu'à en sertir votre tête d'inverti. Mais nous allons voir qui sera le plus fort à ce jeu, chevalier des mœurs dissolues ! Si vous avez sa cape, moi je lui ai ravi son épée ! *(Elle sort une épée de sous ses jupes et la brandit.)* Vous êtes à vous seul le mal noir qui dévore les racines de notre île. Vous qui vous êtes glissé entre les bras d'un souverain, lui faisant délaisser femme, enfant et sujets pour s'adonner aux passions les plus viles de la création, vous ne m'échapperez pas, cette fois-ci, Pierre de Gaveston.

JIMMY, *laissant tomber ses atours.* Vous vous méprenez, madame.

ISABELLE. Mais qui êtes-vous, à la fin ? Cinq secondes pour donner une réponse franche, sinon je vous transperce le cœur.

JIMMY. Un activiste américain venu ici chercher un combat.

ISABELLE. Gardez-vous bien, jeune homme, des combats qui ne sont pas les vôtres. Vous pourriez mourir sous les habits d'un autre. Qui vous a fait don de ces habits ?

JIMMY. Un clochard.

ISABELLE. Un roi, petit menteur ! Tâchez de vous mêler de ce qui vous regarde à l'avenir. Je finirai bien par te mettre la main au collet, Edward...

Elle sort.

XVIII

Le jour de l'inauguration. On entend un roulement de tambour. Maggie et Mr Clark au pied de l'estrade. Entre Titanica accompagnée de Vivien. Mr Clark va à leur rencontre.

MR CLARK. Madame, vous voilà enfin.

TITANICA. Je me suis exténuée en préparatifs. J'ai dû faire une petite sieste pour avoir meilleure mine.

MR CLARK. William Clark, porte-parole de Sa Majesté.

TITANICA. Vous avez si peu changé...

MR CLARK. Merci. Vous-même, vous semblez intemporelle.

TITANICA. Je vous présente ma demoiselle de compagnie, Miss Vivien.

MR CLARK. Enchanté.

TITANICA. Vivien prépare actuellement un documentaire sur moi.

MR CLARK. Une jeune cinéaste, comme c'est charmant !

VIVIEN. Je suis plutôt historienne de l'art. Je ne prétends pas...

TITANICA. Cesse de sous-estimer ton travail, Vivien. Ta démarche est des plus avant-gardistes.

MAGGIE, *à Mr Clark.* Il est clair qu'une restauration s'impose.

Paraît la reine.

TITANICA. Majesté ! Vous êtes radieuse ! Cette coiffure passera à l'Histoire, aucun doute. La route a été bonne ?

LA REINE. Très. Merci, monsieur.

MR CLARK. Madame. On dit : UNE œuvre d'art, Majesté.

TITANICA. Vous êtes absolument délicieuse dans ce tailleur. Laissez-moi vous faire la bise.

LA REINE, *peu sincère.* J'aime beaucoup votre robe... Ça...

MR CLARK. Ça vous donne du panache.

MAGGIE. Majesté, il serait peut-être temps de retoucher votre maquillage...

Maggie tend à la reine un miroir de poche et un tube de rouge. Celle-ci se repeint les lèvres.

TITANICA. Quel rouge fabuleux !

LA REINE. Merci.

TITANICA. Serait-ce trop vous demander de me le laisser essayer...

LA REINE, *estomaquée mais polie.* Pourquoi pas !

TITANICA, *se maquillant à son tour.* Ah, un rouge si franc ! Des années que je ne m'étais pas permis une telle folie... Vous comprenez, à mon âge, c'est un peu cru. Et avec les luminaires du port, ça devient tout simplement mortel. Mais pour une telle occasion...

Nouveau roulement de tambour.

LA REINE. L'heure a donc sonné !

TITANICA. Ah !

MAGGIE. Tandis que Sa Majesté livrera son discours aux journalistes, Mr Clark vous fera part des détails du plan de votre restauration.

TITANICA. Je...

MAGGIE. Vous serez présentée aux médias après le départ de Sa Majesté.

LA REINE. Un tournoi de squash m'appelle ailleurs. Heureuse d'avoir fait votre connaissance, madame Titanica.

MR CLARK. Mesdames et messieurs, Sa Majesté, la reine d'Angleterre.

La reine paraît sur l'estrade, tandis que Titanica s'installe à l'écart avec Mr Clark, Vivien et Maggie.

LA REINE, *lisant.* « Loyaux et fidèles sujets d'Angleterre, en ce jour mémorable, votre reine vient à vous en amoureuse. Car si la loi du sang a fait que vous me devez obéissance, elle a fait aussi qu'au-dessus de moi règne une autre force à laquelle, moi, votre reine, j'obéis comme une amante servile : le devoir. Le devoir est l'unique amant des souverains... *Souverains serviles ? Servile, me voilà servile. À la remorque de tes mots, je ne suis derrière eux que mousse et écume comme ces eaux agitées qui s'ébrouent au passage d'un paquebot... Paquebot.* Beauté et grandeur des arts peuvent un instant émouvoir et ensorceler un souverain, mais c'est toujours vers le devoir ultimement que les cœurs royaux se tournent et retournent... *À la terre, cette terre que Dieu m'a confiée et à laquelle, sous ton poids, amant, je rêve d'être clouée. Tout, tu pourrais m'apprendre tout, amant, de la fragilité des hiérarchies à la fulgurante régularité des marées, que tout, tout peut entrer dans un sang, le noir venir y masquer le bleu, l'amour y répandre son vinaigre amer...* Amer peut sembler ce sort qui est celui des souverains, mais c'est avec humilité que tous s'y astreignent et lorsqu'ils offrent leur corps, ce n'est qu'au devoir dont ils sont la marionnette, l'instrument... *Méfiez-vous, mesdames, du crachat d'un poète. S'il vient à remonter le long de votre cuisse, d'une main maîtresse déjouez sa course. Gardez votre sexe de sa furibonde semence. Celui d'une reine est aujourd'hui dévasté, les flammes le long du gouffre se déchaînent...* Ô devoir, mon amant éternel, à tes pieds, je dépose ma frêle destinée de mortelle. *Je ne suis que feu, sécrétions et sang !*

Un filet de sang tombe du bac pour choir sur la tête de la reine.

LA REINE. Du sang !

Des corps tombent du ciel. Panique générale. Debout sur le bac, vêtu du manteau d'Edward, se tient Jimmy, caméra à la main. Entracte.

XIX

Le dock, la nuit. Le lieu est désert. La lune éclaire le bassin à la surface duquel flotte un corps.

JIMMY. Eddy ! Eddy ! (*Paraît Edward.*) Quelque chose de terrible est arrivé. J'étais posté sur le bac, balayant la foule de ma caméra, quand tout à coup l'image s'est brouillée. Des corps en décomposition se sont mis à traverser l'objectif... J'ai cru que je rêvais, puis j'ai réalisé. Des cadavres, des centaines de cadavres, s'échappaient du bac éventré, tombant sur la foule rassemblée... Ce n'était pas des fleurs, Eddy...

EDWARD. Je sais.

JIMMY. Tu savais ?

EDWARD. Oui. Depuis le tout début.

JIMMY. Et tu ne m'as rien dit !

EDWARD. Je craignais que tu ne recules...

JIMMY. C'est toi qui as éventré le bac ?

EDWARD. Je devais révéler ce terrible complot à la nation.

JIMMY. Qui sont-ils, Eddy ?

EDWARD. Ils sont ces fleurs que la belle Angleterre préfère voir pousser ailleurs que dans ses prés. Ce sont des jeunes hommes et des jeunes femmes, des enfants et des vieillards, toxicomanes, marginaux, hémophiles ou simples citoyens que le mal du sang a vaincus et dont aucune famille n'a réclamé la dépouille...

JIMMY. Mais ces jardins dont tout le monde parle ?

EDWARD. Un cimetière clandestin où la sainte Angleterre comptait les ensevelir. Mais désormais, la couronne ne s'en tirera pas indemne. Grâce à toi, Jimmy, ma vengeance est assouvie.

JIMMY. En vengeant ton amour déporté, c'est mille autres soifs de vengeance que tu as réveillées. Mille autres plaies que tu as réouvertes. C'est après que le plus horrible est arrivé, Eddy. Après... Les militaires ont tout nettoyé, laissant derrière eux le dock désert et immaculé. On aurait pu croire que rien de tout cela n'avait vraiment eu lieu. Jusqu'à ce qu'un cadavre oublié, qui s'était enfoncé dans l'eau du bassin, remonte à la surface et que la lune éclaire son regard...

Isadora entre en scène en hurlant et en se cachant le visage à deux mains.

XX

Black Jack, Titanica, Vivien, Jimmy et la meute des résistants accourent au bord du bassin et entourent Isadora qui cache toujours son visage.

ISADORA. Fermez-lui les yeux, je vous en prie ! Fermez-lui les yeux !

VIVIEN. De qui parles-tu, Isadora ? De qui parle-t-elle ?

ISADORA. De lui, posé comme un nénuphar sur l'eau du bassin, lui dont les yeux sont grands ouverts et dévisagent le ciel. Celui que je refuse de regarder. Fermez-lui les yeux ! Lui qui regarde la lune comme un enfant abandonné. C'est lui, mon frère. DJ Lewis.

Un temps. Tous, à l'exception d'Isadora, s'approchent du bassin, troublés.

BLACK JACK. C'est bien lui.

ISADORA. Par pitié, que l'un de vous lui ferme les yeux. Descendez dans l'eau du bassin et fermez-lui les yeux.

Un temps. Puis Jimmy retire ses chaussures, retrousse le bas de son pantalon et se prépare à descendre dans l'eau du bassin.

TITANICA. Non. C'est à toi de le faire, Isadora.

ISADORA. Je ne peux pas. Pas sans mon voile.

TITANICA. C'est à toi que cela revient. À toi, sa sœur.

ISADORA. Non ! Je refuse qu'il voie mon affreux visage.

TITANICA. Il le connaît déjà, ton visage. Il n'est pour lui qu'un reflet de sa propre peine. Tu le lui dois.

Un temps. Isadora découvre son visage et s'avance tranquillement vers la dépouille de son frère.

ISADORA. Mon frère jamais connu, mon courageux, mon adoré, n'aie pas peur de celle qui vient vers toi. Elle n'est ni belle ni couronnée, mais elle t'aime et ne te veut aucun mal. Pardonne-moi de ne pas t'avoir gardé de la folie de notre mère qui moi m'avait brisée. Quel sort t'a-t-on réservé, petit DJ ? (*Elle lui ferme les yeux.*) Ne trouvez-vous pas qu'il fait plus noir tout à coup ?

TITANICA. Il faut le sortir de l'eau, Isadora. Le mettre en terre.

ISADORA. Non ! Que personne ne le touche. C'est ici, en ces eaux, que cette nuit je le veillerai. J'irai chercher l'Union Jack pour le garder du froid et au matin, tel un héros, je le mènerai au lieu de sa sépulture. Je te vengerai, Lewis. Que personne ne le touche. Il est mon frère, je suis sa sœur.

Isadora sort.

TITANICA. Pardonnez-moi, mes enfants. J'ai dû vivre ailleurs. Dans le souvenir, comme tu le disais si bien, Black Jack. J'avais espoir de vous aider, je croyais que ma rencontre avec la reine serait salvatrice pour nous tous, mais voilà que cette journée s'achève dans le sang et dans les larmes. J'ai été bien naïve. J'avais cru le monde moins abîmé qu'il ne l'est en vérité.

Titanica sort.

XXI

Le palais royal. Maggie et Mr Clark.

MAGGIE. Le ballet d'étoiles a cessé, le ciel s'est couvert, un orage semble s'orchestrer. En quelques heures à peine, les images filmées par cet inconnu, ce garçon sorti d'on ne sait où, vêtu comme une réminiscence d'un autre siècle et se tenant debout sur le bac éventré, ont fait le tour du royaume.

MR CLARK. La rumeur veut que ce soit un étranger, un Américain sans-papiers qui serait entré illégalement en Angleterre. Il est toujours possible de le faire disparaître...

MAGGIE. Je crains fort qu'il ne soit trop tard. Ce jeune homme est devenu la coqueluche de toute l'Angleterre, l'égérie d'une révolution avortée et le témoin numéro un d'un des plus grands scandales politiques jamais vus. Les journalistes le retrouveront, on s'arrachera son témoignage, et mille ans de filiation royale, toute une civilisation et ses principes s'écrouleront pour quelques cadavres empilés dans un bac qu'un adolescent a eu le malheur d'ouvrir...

MR CLARK. Pour plus de sécurité, j'ai ordonné qu'une saisie soit effectuée dans les affaires de cette jeune femme qui accompagnait Titanica et que tout matériel vidéo soit détruit. Nous aurions dû renforcer la sécurité. Je suis impardonnable.

MAGGIE. Cessez de vous flageller. Impardonnables, nous le sommes tous. La reine et son amant anonyme, vous et votre Titanica...

MR CLARK. Comment la reine se porte-t-elle ?

MAGGIE. Elle s'est réfugiée dans ses appartements et ne cesse de répéter que ce jeune homme est la réincarnation d'un démon ancien.

MR CLARK. Comment avons-nous pu ne pas pressentir cette menace qui planait sur le royaume ? Quelle fut notre erreur ?

MAGGIE. La pureté du sang, c'est ce qu'il aurait fallu préserver dans ce pays, la pureté du sang. Mais il faut nous résigner désormais, Mr Clark. La chute du royaume n'est plus qu'une question d'heures.

XXII

Le dock, la même nuit. Black Jack, vêtu en militaire et bouteille à la main, est seul en scène. Entre Jimmy.

JIMMY. Je viens au nom d'Isadora. Demain à l'aube, une grande procession partira du dock pour porter sur la place publique la dépouille de DJ Lewis. Plus nous serons nombreux, plus ce sera difficile pour eux de nier cette histoire monstrueuse...

BLACK JACK. À cette heure, je serai peut-être déjà loin d'ici, loin sur les flots bleus, loin vers le sud...

JIMMY. Tu as bu, Black Jack. Laisse-moi parler.

BLACK JACK. Oui, j'ai bu. Mais pas encore assez pour effacer de ma mémoire tous ces corps... C'est notre mal de vivre commun qu'on exile ? Alors qu'on m'embarque moi aussi. Depuis que nous sommes nés qu'elle nous fait sentir que nous ne sommes rien pour elle, la vie ! Mais nous nous acharnons comme des amoureux transis qui ne comprennent pas les refus polis qu'on leur renvoie. Est-ce qu'elle t'a déjà fait sentir qu'elle t'aimait, la vie, Jimmy ?

JIMMY. Tu n'as pas le droit de me dire qu'elle n'a pas une place pour moi, la vie ! J'ai traversé l'Atlantique pour lui trouver un sens !

BLACK JACK. Tu pouvais rester chez toi.

JIMMY. Elle va me faire une place, que ça lui plaise ou non... Tu m'entends ?

BLACK JACK. Viens voir, Jimmy, quelle place elle te réserve, la vie !

Black Jack traîne Jimmy de force dans l'eau du bassin et le place face à la dépouille flottante de DJ Lewis.

BLACK JACK. Est-ce que tu crois qu'elle l'aimait, lui, la vie ? Imagine la chair que la maladie a rongée, imagine son râle d'agonie quand il était cloué sur son lit d'hôpital et que la bête dévoreuse, invisible, faisait son ouvrage entre le squelette et la peau ! *(Un temps. Jimmy se met à pleurer. Black Jack serre Jimmy contre lui et devient très doux.)* Et puis regarde, ce soir, l'eau qui le berce, la lumière de la lune qui l'enrobe en douceur... Si doucement, qu'on pourrait croire que ses membres ne portent aucune marque, que son corps n'a jamais souffert. Est-ce que quelqu'un t'a déjà bercé comme la mort le berce ce soir ? Est-ce qu'une parole t'a déjà apporté la douceur que la lune ce soir lui offre ? *(Il se détache de Jimmy et s'éloigne un peu.)* À moi, jamais. C'est pourquoi je reprends l'uniforme et me range dans le camp de la mort.

JIMMY. Qu'est-ce que tu racontes ?

BLACK JACK. L'armée me pardonnera. Quand je leur dirai ce dont j'ai été témoin, ils voudront acheter mon silence. Alors je réintégrerai mes fonctions. J'étais caporal.

Black Jack complète son uniforme en enfilant son chapeau.

JIMMY. Tu cours à ta perte... Ils vont se débarrasser de toi !

BLACK JACK. J'ai trouvé ma cause. N'est-ce pas ce que nous cherchons tous ? Une cause derrière laquelle nous effacer... Disparaître pour arriver à croire qu'on existe.

Un petit conseil : rembarque sur le premier bateau en partance pour chez toi, pars, sauve ta peau, avant que l'armée ne te mette la main au collet.

Black Jack sort.

XXIII

Nuit d'orage. Les appartements royaux. La reine, seule, livre d'histoire en main.

LA REINE. Où est-il ? Il doit bien y avoir quelque part un portrait de ce démon aux traits angéliques ! *(Elle s'arrête sur une page.)* Te voilà, chevalier du vice ! Je ne m'étais pas trompée... Pierre de Gaveston est revenu dans Londres pour se venger, pour m'éclabousser, moi, du sang des pervertis ! *(Dans l'obscurité, une silhouette paraît.)* Qui est là ? Qui vient me traquer jusque dans mes derniers retranchements ? Ô amant des docks et de l'underground, est-ce toi qui viens pour me délivrer, pour me mener loin d'ici, à cheval ?

Paraît la reine Isabelle.

ISABELLE. Ne vous emportez pas trop vite, ma chère. Ce n'est que moi.

LA REINE. Isabelle, la Louve de France... Est-ce donc ce soir que tous les morts quittent leurs tombeaux pour venir faire trembler les vivants ?

ISABELLE. Il y a des lustres que nous nous sommes échappés des pages jaunies de nos livres d'histoire.

LA REINE. Que me vaut l'honneur de votre visite, lointaine aïeule ?

ISABELLE. Je connais l'identité de celui qui en début de semaine a éventré votre navire et qui, cet avant-midi, en a fait de même avec un bac chargé de cadavres.

LA REINE. Pierre de Gaveston !

ISABELLE. Non, ce jeune homme n'est qu'une pâle copie fraîchement débarquée d'Amérique qu'Edward, à coups de flatteries, a su mettre à sa main. Le vrai responsable, c'est Edward, Edward qui ne m'a jamais pardonné d'avoir fait déporter son favori et qui depuis sept siècles me refuse son pardon...

LA REINE. Edward II est donc aussi têtu que le veut la légende. Il est admirable que vous vous soyez dressée contre lui et son amant, courageuse Isabelle.

ISABELLE. Ce Pierre était le diable incarné. Il mettait en péril les traditions de notre monarchie. Il fallait déporter Pierre de Gaveston.

LA REINE. Comme tous ces cadavres rongés par le mal dont leurs vices les a affligés et dont le contact risque à tout moment de corrompre les âmes et les chairs saines. Leur sang contaminé a même effleuré mon sein...

ISABELLE. Je sais comment contrer la malédiction et empêcher Edward de mordre.

LA REINE. Comment ?

ISABELLE. J'aurai besoin de quelques militaires de bonne carrure...

LA REINE. Croyez-vous que quelques mâles suffiront à le rassasier ?

ISABELLE. À le rassasier, non. Mais à lui enfiler cette muselière qu'un artiste, ou plutôt son assistante, a eu l'amabilité de fabriquer, sûrement.

LA REINE. Hélas, vous surestimez nos militaires. Ils n'ont même pas réussi à déloger ces quelques miséreux...

ISABELLE. Ne présumez pas trop vite de l'invincibilité d'Edward. Nous avons un appât. Souvenez-vous qu'il a une faille... Sa passion pour ce vaurien de Gaveston. Ou pour quelqu'un qui, de manière troublante, ressemblerait à ce chevalier adolescent...

LA REINE. Diabolique Isabelle.

ISABELLE. Fournissez-moi les hommes, je leur indiquerai la marche à suivre. Ah oui, j'allais oublier... *(Elle sort une enveloppe de son corsage.)* Cela traînait sur votre balcon ! Bonne nuit, Majesté.

Isabelle sort.

LA REINE. Une nouvelle lettre ! Dieu soit loué, il vit encore ! *(Lisant.)* « Virginia, j'aurais aimé que nos corps, nos salives et nos sangs se mêlent et que de cette croisée de nous naisse un homme qui ne serait ni roi ni mendiant, qui serait affranchi de vos chaînes de monarque et des miennes de va-nu-pieds, un homme qui serait tout simplement humain et dont les yeux, au lieu de témoigner de la mémoire sanglante des siècles passés, refléteraient cette chose insaisissable et lumineuse qu'est l'avenir. Mais peut-être mon amour arrive-t-il trop tard dans ce chapelet de siècles qui dort répertorié dans nos livres d'histoire. Triste d'avoir tant espéré, je tente un ultime rapprochement. Je vous attends ce soir au dock de King Edward. » Moi sur les quais ! La nuit. Comme femme et non comme reine ? Maggie !

Paraît Maggie.

LA REINE. Préparez mon costume de voyage, nous descendons aux enfers.

XXIV

Chez Titanica. Vivien et Jimmy aux côtés de celle-ci.

TITANICA. Vous êtes bien silencieux aujourd'hui, mes enfants ?

VIVIEN. Je ne sais trop comment vous parler, Titanica. L'armée a effectué une saisie chez Asher, les militaires ont détruit toutes mes bandes. De nos entretiens, rien ne subsiste.

Un temps.

TITANICA. Voilà bien longtemps que le silence et l'oubli cherchaient à m'engloutir. À force de patience et de gentillesse, Vivien, tu m'avais fait consentir à tenter une dernière fois de les combattre. Nous aurions dû savoir que c'était un combat perdu d'avance.

VIVIEN. Nous trouverons une solution, nous reprendrons du début, patiemment, courageusement... Ne sous-estimez pas votre importance, Titanica, ni celle de la grande famille à laquelle vous appartenez, l'Art.

TITANICA. L'Art... Quelle prétention, quelle illusion ! L'art est bien joli, l'art nous étourdit, mais l'Art, mes enfants, ne change rien au monde et à sa funèbre marche. Moi, Titanica ? Je ne fus qu'un tout petit amas de métal sans importance dans ce long cortège de larmes, de sang, de victoires et d'échecs qu'on s'entête encore à nommer Humanité.

VIVIEN. C'est faux.

TITANICA. C'est vrai. La preuve en est qu'en 1968, j'incarnais pour ce pays une nouvelle ère, une grande libération. Tout devait changer... Ce soir, j'aimerais qu'on ne m'appelle pas au front. Retrouver un peu de ma liberté, retrouver ma vie que pendant trente ans l'art m'a volée.

JIMMY. Mais n'est-ce pas maintenant que vous devriez prendre votre sens véritable ? Vous pourriez marcher avec nous, en tête de procession. Demain, à l'aube, Isadora vengera son frère et tous les autres que l'on veut déporter...

TITANICA. À quoi pourrait bien servir une armure à tous ces pauvres gens morts ? Cette armure devait me protéger ; elle m'a emprisonnée, elle m'a détruite et a fini par faire de moi une pauvre victime. La robe de la victime, voilà comment Edmund aurait dû me baptiser.

JIMMY. Vous ne viendrez pas ?

TITANICA. Je n'ai plus l'âge ni la force de mener un tel combat.

VIVIEN. J'ai l'impression que vous avez perdu la foi en l'art...

TITANICA. Contre la folie du monde, l'art est une bien petite chose, bien intentionnée, certes, mais tout de même vaine.

VIVIEN. Vous ne croyez pas un mot de ce que vous dites... N'y avez-vous pas consacré votre vie entière ?

TITANICA. Si. Ma vie, ma jeunesse. Et je ne dis pas que ceux qui le feront après moi auront tort. Même pour une cause perdue d'avance, il vaut parfois la peine de se sacrifier. Je sais toutefois que pour moi, ce fut un mauvais choix... C'était... Comment dire ? Trop lourd. J'imagine que toi, Vivien, tu sauras me comprendre.

VIVIEN. Oui. Bien sûr.

TITANICA. Maintenant, allez vous préparer pour cette procession... Allez !

Vivien et Jimmy entament leur sortie. Mais Jimmy se ravise.

JIMMY. Vous êtes malhonnête et pitoyable.

VIVIEN. Jimmy, calme-toi...

JIMMY. Quel lâche êtes-vous sous votre robe ?

VIVIEN. Jimmy, tu ne sais plus ce que tu dis...

JIMMY. Je m'en fous. Quel lâche êtes-vous pour abandonner aujourd'hui une cause que vous aviez accepté jadis d'endosser ? Vous êtes lâche. Vous vous êtes travestie. La voilà la vérité : ce n'est pas par courage que vous avez endossé une cause, c'est pour mettre à l'abri votre faiblesse et votre peur de la vie.

TITANICA. Oui, j'avais peur, Jimmy. Peur...

JIMMY. Je n'ai aucun respect pour vous.

VIVIEN. Jimmy !

JIMMY. Vous rappelez-vous seulement du garçon que vous étiez à vingt ans ?

TITANICA. Viens ici, Jimmy ! Regarde-moi.

JIMMY. Vous me dégoûtez.

TITANICA. Regarde-moi.

Un temps. Puis Jimmy accepte de faire face à Titanica.

TITANICA. Je te ressemblais.

Jimmy sort.

XXV

Le dock, la nuit. Paraît la reine suivie de Maggie qui la pousse à avancer.

LA REINE. C'est un lieu trop sombre et trop froid pour abriter un homme à la poésie si lumineuse...

MAGGIE. Je ne connais rien à la poésie, mais je sais lire une carte. Avancez...

LA REINE. Ne me brusquez pas ! Je dois sans cesse surveiller où se posent mes pieds. S'il fallait que, miséreux, il dorme à même le sol et que le talon de ma chaussure lui transperce le cœur...

MAGGIE. Eh bien, ce serait Cupidon qui achèverait son ouvrage.

Black Jack sort de l'ombre et se dresse sur leur route.

LA REINE. Ah, un soldat... Peut-être pourrez-vous nous éclairer, brave gardien de l'ordre.

BLACK JACK. Ces petites dames cherchent quelque chose ? Un homme, peut-être ?

LA REINE. Oui...

MAGGIE. Non ! Nous faisons une promenade, tout simplement.

BLACK JACK. Une promenade sur les quais... Pour respirer l'air du large, j'imagine ?

MAGGIE. Oui. Ma maîtresse souffre de troubles respiratoires.

BLACK JACK. Ah ! Et vous croyez qu'on peut se promener comme ça, ici, sans rendre de comptes à personne ?

MAGGIE. Nous ne faisons rien de mal. Nous sommes deux femmes respectables...

BLACK JACK. C'est un terrain privé, ici. Vous violez la propriété d'autrui.

LA REINE. C'est mon royaume, ces quais sont à l'État.

BLACK JACK. Pardon ?

MAGGIE. Ma maîtresse a voulu dire que chacun est maître en son royaume. Pourrions-nous savoir qui règne sur ces quais, afin que nous puissions lui faire nos excuses ?

Black Jack sort un couteau de sa poche.

BLACK JACK. Le maître, ici, c'est celui qui possède le plus long couteau.

LA REINE. Ah !

MAGGIE. Je vois... Alors, toutes nos excuses... Monsieur ?

BLACK JACK. Knife.

MAGGIE. Bonne nuit, monsieur Knife.

Elles vont pour partir.

BLACK JACK. Hey !

MAGGIE. Oui...

BLACK JACK. Et le droit de passage ?

MAGGIE. Ah, bien sûr... Combien désirez-vous ?

BLACK JACK, *lui arrachant son sac à main.* Ça suffira.

MAGGIE. Parfait...

BLACK JACK. Bonne promenade, mesdames.

MAGGIE. Merci.

Black Jack sort.

LA REINE. Mon Dieu, Maggie, rentrons sur-le-champ, appelons un taxi... Ce monde est hostile, ces gens, des carnassiers. Même les soldats sont corrompus. Rien ici n'a la douceur des mots de mon amant... Rien, Maggie, rien je vous dis !

MAGGIE. Voilà enfin une décision sensée, Majesté.

Elles vont pour sortir, mais la reine s'immobilise brusquement, comme en proie à une révélation.

ISADORA. Dors, mon frère, dors, Lewis. Je te veille, seule lanterne au cœur de cette nuit sans étoiles. Dors, Lewis...

LA REINE. Ah ! Entendez-vous, Maggie ? Une voix, de la poésie...

Dans l'ombre, un peu à distance de la reine et sa lectrice, on distingue Isadora, au bord du bassin, qui veille son frère mort.

LA REINE. Cette langue, cette respiration... C'est un peu les siennes.

MAGGIE. Mais il s'agit d'une femme, Majesté.

LA REINE. Écoutez !

ISADORA. Dors, mon frère, aux anges je confie ton envol.

LA REINE. Une poétesse... Sans doute fait-elle partie du même cercle littéraire. Avançons-nous.

MAGGIE. Je crois qu'il serait préférable...

LA REINE. Je dois lui parler. Nous n'aurons pas risqué nos vies en vain.

MAGGIE. Soyez prudente, Majesté, nous ne connaissons pas ces gens.

LA REINE. Mademoiselle ! Mademoiselle !

Isadora, en apercevant la reine, reste un moment interdite. La reine, de son côté, a peine à dissimuler son trouble devant le visage ravagé d'Isadora.

ISADORA. Vous êtes venue...

LA REINE. Nous sommes à la recherche d'un poète qui signe « l'amant des docks et de l'underground ». Nous sommes venues de la ville, à pied, pour le saluer. Sauriez-vous nous mener à lui ?

ISADORA. Bien sûr. Allons-y tout délicatement, cependant... Son sommeil est si fragile.

Isadora, la reine et Maggie, fermant la marche, se dirigent vers le bassin.

ISADORA. Un ange, une poussière galactique déposée sur cette terre pour souffrir le poids de l'univers...

LA REINE. Ce poète, mademoiselle, m'est cher comme un fils. Et si ce n'était des lois et des convenances, je le couronnerais à l'aube...

MAGGIE. Majesté !

LA REINE. Le devoir et la royauté ont leurs impératifs, mais l'amour a aussi les siens.

ISADORA. Prenez ma main, mesdames, que nous avancions dans ces eaux où repose Lewis, celui qui fait qu'enfin nos cœurs battent au même rythme.

Isadora, la reine et Maggie descendent dans l'eau du bassin, se dirigeant vers la dépouille flottante de DJ Lewis. Devant le corps décomposé, la reine et Maggie restent sans voix un instant, horrifiées.

ISADORA. Lewis, Sa Majesté la reine d'Angleterre vient te rendre un dernier hommage...

LA REINE. Cet homme mort depuis des lunes ne peut pas m'avoir écrit, encore ce matin, une lettre embrasée... Tant de flamme, de vie, de fougue ne pouvait pas venir de chez les morts !

Un temps.

ISADORA. « Ma reine, ma touffe, mon phare, ma-dame... », « J'aurais aimé que nos corps, nos salives et nos sangs se mêlent... », « Virginia, ma bouche sur ta peau... » J'ai tout lu. Tous ses brouillons. Pour le recomposer, pour comprendre qui il avait été. Et je vous ai porté la dernière lettre, celle qu'il avait laissé inachevée sur son lit de mort.

Un temps. Puis la reine sort la lettre et la regarde.

ISADORA. Que cherchait-il ? Nous ne le saurons jamais. Mais sa parole, ce soir, vous a fait descendre jusqu'ici. Demandez-lui pardon. Cela ne changera rien. Mais faites-le tout de même.

LA REINE. Lâchez ma main, mademoiselle.

ISADORA. Souvenez-vous que tout à l'heure, vous veniez le cœur gorgé d'amour...

LA REINE. Là où nous sommes, en ce lieu du monde où nous nous tenons, il n'y a rien, à mon sens, qui mérite d'être appelé amour. Faites disparaître cette horreur de ma vue !

MAGGIE. Venez, madame, rentrons à Buckingham.

La reine et Maggie sortent.

XXVI

Le dock. Isadora prépare la dépouille de son frère. Tout au long de l'hommage qu'elle lui rend, les résistants sortent de l'ombre et se recueillent avec elle.

ISADORA. Je te porterai, mon frère. Je le jure : ce ne seront ni les flots ni les matelots qui te porteront jusqu'à ton dernier tombeau. Dans tout Londres, je marcherai, hurlant qu'on te doit respect. « Quelle est cette défigurée qui enlace un putréfié ! » entendrons-nous siffler de part et d'autre. Mais tête haute, je continuerai, criant aux curieux que ta chair détruite qui souille mes mains est de ma vie la seule chose que j'aie aimée. Dans notre sillage, tous les miséreux qui en nous se seront reconnus marcheront, et c'est un véritable cortège des basfonds qui nous accompagnera pour aller là où notre mère nous avait rêvés. À Buckingham Palace, nous traverserons le hall, mon frère, sous le regard ahuri des gardiens. Nous gravirons les escaliers, alors que tous seront sans voix, notre misère imposant son règne. Jusqu'au lit immaculé de la reine. L'Angleterre apprendra que nous qui par notre sang venions des égouts reposons-là où la noblesse de nos cœurs aurait dû nous faire naître. C'est pour toi, mon frère, qu'aujourd'hui, l'ordre du monde s'inversera. Pour toi, rien que pour toi, DJ Lewis.

Le cortège se met en branle. Titanica reste seule.

TITANICA. Ô nuit noire qui suit le jour clair où le Ciel redonna aux vivants leurs morts les plus honteux... Que nous réserves-tu pour clore ta fureur ? Promets-moi que demain le monde aura changé. Où pourrais-je ce soir trouver un chalumeau ?

XXVII

Les appartements royaux. La reine et sa lectrice.

MAGGIE. Madame, une étrange rumeur vient du dehors. De la fenêtre, j'ai vu une foule, un cortège qui semble marcher droit sur le palais. J'ai l'impression de sentir la présence, à la tête de cet essaim de mouches, de cette inconnue, cette Isadora... Une vengeance, c'est ce qu'elle doit chercher, l'enragée.

LA REINE. Et quoi encore, Maggie ?

MAGGIE. J'ai peur... Là où il y a des mouches, madame, il y a souvent de la charogne. Mon pressentiment est terrible : saccages et sang, barres de fer et crocs acérés.

LA REINE. Et quoi encore, Maggie ?

MAGGIE. L'horreur est à nos portes. Vous devez intervenir. Ordonnez qu'on lâche les chiens, je ne sais pas, voilà une semaine qu'ils n'ont rien mangé... Un ordre, un seul, Majesté. Faites quelque chose ! Un ordre et je le jure, j'obéirai !

LA REINE. Un ordre. Un seul ? Prenez mon ouvrage de botanique et lisez-moi le magnifique exergue de notre poète national. Cela nous changera des vers corrompus de l'underground.

Un temps. Maggie, tremblante, s'exécute.

MAGGIE, *lisant.* « Ô luxuriante Angleterre, des cieux où je t'admire

Je m'exclame devant tes champs de fleurs rouge écarlate

Déroulés comme des velours chatoyants et lisses

Posés telle une injure, sous un ciel gris de fer

Ô luxuriante Angleterre, où caches-tu tes misères ?

Ta splendeur m'étonne, toi pourtant que si rarement le soleil éclaire

Toi que si rarement le soleil éclaire »

Bruit de vitres que l'on fracasse.

LA REINE. Je sais, Maggie, que vous n'êtes pas friande de poésie. Mais ces taches rouges dont parle le poète, comment les imaginez-vous ? Comme des coquelicots ou comme des taches de sang ?

Paraît Mr Clark.

MR CLARK. On demande à vous voir, Majesté.

LA REINE. Faites entrer.

XXVIII

La même nuit. À travers la brume, on distingue Jimmy vêtu en chevalier médiéval, bâillonné et attaché à un rocher donnant sur la Tamise. Entre Edward qui le voit de dos.

EDWARD. Dieu ! La chose est-elle possible ? Brume, dissipe-toi sur-le-champ si c'est ta chimie qui m'impose cette cruelle vision ! *(Il attend.)* Pierre... Enfin vengé, tu serais donc revenu, amour ! *(Edward s'approche un peu.)* Les cheveux, la finesse du corps, l'allure altière, cette façon unique de ne pas ployer sous le vent. Si fragile, si fin ton corps, mais si solide quand il se tient debout face à la nature déchaînée. Tu regardes encore le large, mon bien-aimé ! *(Bâillonné, Jimmy laisse échapper quelques sons.)* Que dis-tu, mon favori ? Parles-tu aux flots, leur ordonnes-tu d'arrêter leur fracas ? Fou, tu en serais bien capable. Amour, je savais bien qu'un jour les marées, dans leur infinie générosité, te ramèneraient à moi. *(Edward s'avance tout près de Jimmy. Sa main est sur le point de toucher l'épaule de Jimmy mais hésite.)* Forces du ciel et de la terre, faites que ce trop beau songe ne s'évanouisse pas au contact de ma main. Amour, si mon toucher doit te reléguer aux abîmes des souvenirs, j'aimerais te dire une dernière fois, avant de poser ma main sur toi, que plus que mon pays je t'ai aimé. *(Edward pose le bout de ses doigts sur l'épaule de Jimmy.)* Pierre !

Edward enlace Jimmy. Au même moment, Isabelle et trois militaires paraissent et se jettent sur Edward. Ils sortent avec Edward, laissant seul Jimmy.

XXIX

Jimmy toujours enchaîné à son rocher. Entre Vivien, valise à la main.

VIVIEN, *lui retirant son bâillon.* Qu'est-ce qui s'est passé, Jimmy ? Qui t'a fait ça ?

JIMMY. Détache-moi, Vivien ! Ils ont pris Eddy. Dépêche-toi. Ils veulent l'empêcher de mordre. Eddy !

Vivien s'affaire à défaire les attaches de Jimmy.

VIVIEN. Tu es fatigué, Jimmy... Tu délires. Tu dois te reposer...

JIMMY. Non ! Il faut faire quelque chose pour Eddy. Allons voir Titanica... Je m'excuserai et elle acceptera de m'aider. *(Appelant)* Titanica !

VIVIEN. Ça ne sert à rien, Jimmy. Tu vois bien qu'il n'y a personne...

Ils cherchent dans les recoins du dock. Ils finissent par découvrir la robe de Titanica, ouverte, abandonnée dans un coin, un chalumeau posé à ses côtés. Un temps.

VIVIEN. Elle qui voulait tant aller nager. Peut-être qu'elle s'est trouvée si légère, une fois libérée, qu'elle s'est envolée. Ou peut-être que ses os se sont effrités une fois libérés de leur carcan...

JIMMY. Elle est partie sans que je puisse lui faire mes excuses.

Un temps. Puis Jimmy s'approche de la robe et s'agenouille. Il regarde à l'intérieur puis se tourne vers Vivien.

VIVIEN. La phrase ? C'est quoi ?

JIMMY, *lisant.* « À vouloir mener les combats des autres, on fait des guerres ; à vouloir mener les siens, on fait sa vie. » *(Un temps.)* Vivien, quel combat je peux mener, moi ? De quelle histoire je serai le héros ? Est-ce que je suis condamné à demeurer dans l'esprit de tous le témoin de l'horreur ?

VIVIEN. En marchant sur le palais, Isadora et son cortège achèvent un combat. Toi, il te reste ta vie. C'est beaucoup, tu sais. Je m'en vais moi aussi. J'ai catalogué toute l'œuvre d'Asher... Au revoir, Jimmy.

Elle l'embrasse et va pour sortir.

JIMMY, *tendant la caméra.* Vivien ! J'ai retrouvé ta caméra...

VIVIEN. Je n'en ai plus besoin. Garde-la. C'est peut-être à toi, désormais, qu'il appartient d'immortaliser quelque chose.

Elle sort.

XXX

Jimmy, seul en scène. Il met la caméra en marche.

JIMMY. J'ignore à qui je m'adresse. Mais j'ai une question pour vous. Est-ce que mes yeux qui vous regardent reflètent autre chose que la mémoire sanglante des siècles passés ? Autre chose que la peur ? J'ai peur. Peur de mourir avant d'avoir donné. Peur de m'éteindre avant que ma lumière ait brillé. Peur qu'un bateau m'emporte vers la terre fleurie des exilés. J'aurais aimé naître avec une cause, tracée au creux des mains, et qu'une gitane pourrait me dévoiler. Naître avec du fer à porter. J'ai peur de retourner chez moi, sans avoir rien trouvé ici, sans qu'un héros m'ait guidé. Retourner seul voguer sur cette mer, à la recherche de ce que nul autre ne connaît. Le seul combat qui m'appartienne : ma vie peuplée des vôtres.

Rideau.

Montréal, septembre 1997 – Boston, août 2001

OUVRAGE RÉALISÉ PAR
LUC JACQUES, TYPOGRAPHE
ACHEVÉ D'IMPRIMER
EN OCTOBRE 2001
SUR LES PRESSES DE
MARC VEILLEUX IMPRIMEUR
BOUCHERVILLE
POUR LE COMPTE DE
LEMÉAC ÉDITEUR, MONTRÉAL

DÉPÔT LÉGAL
1re ÉDITION : 4e TRIMESTRE 2001
(ÉD. 01/IMP. 01)